新发展理念下中国乡村振兴中的
独特创新样板

游祖勇 著

海峡出版发行集团
海峡文艺出版社

图书在版编目(CIP)数据

新发展理念下中国乡村振兴中的独特创新样板/游祖勇著. —福州:海峡文艺出版社,2024.12
ISBN 978-7-5550-3974-7

Ⅰ.F320.3

中国国家版本馆 CIP 数据核字第 20241DW231 号

新发展理念下中国乡村振兴中的独特创新样板

游祖勇　著
出　版　人　林　滨
责任编辑　余明建
出版发行　海峡文艺出版社
经　　　销　福建新华发行(集团)有限责任公司
社　　　址　福州市东水路76号14层　　邮编　350001
发　行　部　0591－87536797
印　　　刷　福州力人彩印有限公司
厂　　　址　福州市晋安区新店镇健康村西庄580号9栋
开　　　本　720毫米×1020毫米　1/16
字　　　数　228千字
印　　　张　15.25
版　　　次　2024年12月第1版
印　　　次　2024年12月第1次印刷
书　　　号　ISBN 978-7-5550-3974-7
定　　　价　88.00元

如发现印装质量问题,请寄承印厂调换

前　言

党中央高度重视"三农"工作，习近平总书记在党的二十大报告中指出："坚持农业农村优先发展，坚持城乡融合发展，畅通城乡要素流动。扎实推动乡村产业、人才、文化、生态、组织振兴。"党的二十大闭幕后，习近平总书记第一次考察就聚焦"三农"问题，在陕西延安和河南安阳走乡村、访农户时再次强调："全面建设社会主义现代化国家，最艰巨最繁重的任务仍然在农村。要全面学习贯彻党的二十大精神，坚持农业农村优先发展，发扬延安精神和红旗渠精神，巩固拓展脱贫攻坚成果，全面推进乡村振兴，为实现农业农村现代化而不懈奋斗。"

党的十八大以来，以习近平同志为核心的党中央，始终坚持把"三农"工作作为全党工作重中之重，持续加强和改善党对农村工作的领导，制定了一系列战略规划和重大政策举措，推进一系列重大改革和创新实践，取得了一系列突破性进展和标志性成果。

这十多年来，举全党全社会之力推进乡村振兴，把乡村振兴作为"一把手"工程，坚持五级书记共同发力，打造一批又一批高素质领头雁队伍。集结号响起,一批批机关、企事业单位挑选出来的村党支部第一书记、乡村振兴指导员、科技特派员纷纷上山下乡,一批批退休干部、教师、医生、科技人员和退役军人等,凭着少时的记忆、怀着无尽的乡愁接踵而至重返故里,一批批带着家乡情怀、带着创业经验、带着资金、信息和技术的"新乡贤"踏上振兴家乡的新征程,一批批懂农业、爱农村、爱农民的"新农人"也纷纷踏入乡村,他们浩浩荡荡汇入了广大乡村的振兴大潮中,与当地村民一起向农村改革、发展、创新进发,成为乡村振兴的"新主体"和乡村高质量发展的生力军。

这十多年来,国家把更多的资源要素投向广大乡村,全面部署并戮力打赢脱贫攻坚战,中华民族千年小康一朝梦圆。国家出台了一系列硬措施守好耕地保护红线,农村各项改革取得突破性成效,全方位夯实粮食安全根基,让中国人的饭碗牢牢地端在自己的手里。加快推进农业产业化、生态化、数字化、智能化,农旅、文旅、红色之旅等农村三产融合创新实践全面铺开,农业产业链延伸拓宽,各类新需求、新业态、新消费、新营销等已逐渐进入广大乡村,并形成了强劲发展势头,农村高质量发展正在结出累累硕果。农村社会事业紧盯新需求逐步发展和升级、精神文明创新活动凸显新时代特征,基本公共服务均等化获得资源和政策的有效支撑,社会保障体系逐步向城市接轨,农民收入在更多资源下乡中稳步提高,共同富裕的步伐迈得更加坚实。

这十多年来,广大乡村树立并践行"两山"理念,全面实施河湖长制，实施农村饮水安全工程和城乡供水一体化，推进山水林田湖草沙系统治理，建设美丽休闲乡村和特色村镇，加强农业农村污染防治和矿区治理，开展农村"厕所革命"，改善人居环境，活化乡村自然资源风貌，保护与修复古村落和农村历史文化遗产，守住乡土味道，擦亮了乡村生态美丽底色，推进了农文旅融合发展，让乡村令人更加向往。

作为海岛山村走出来的孩子，我将近20年在闽南县区工作，较为深入地了解"三农"工作的繁重和艰难，同时也深知其重要和深远意义。到福建省水利厅工作后，更是跑遍了八闽大地的山山水水、田间地头。近四年来到省乡村振兴促进会、基金会工作，同时挂职平潭综合实验区龙海村第一书记。在这期间，一方面继续深入调研全省这十多年来涌现出来的乡村振兴各类典型示范案例，并对他们的发展经验、做法做了总结梳理，另一方面跑遍全国20多个省，造访了一批中国乡村改革发展的时代先锋、典型示范、创新实践村庄，其中的23村已在2021年以《中国乡村振兴中的经典样板和传奇故事》为题由福建省教育出版社编辑出版，另外20个村拟编辑收录本书。

本书不是学术专著，也没有刻意对所收录样板村的发展模式作更多的分析和评价，只是希望把他们的发展理念、路径和做法，尽可能原原本本、简明扼要地介绍给读者，特别是正战斗在乡村振兴一线的基层干部、村"两委"和广大党员干部群众，让他们从中得到启发和借鉴。正是基于这个出发点，本书采访对象的精彩观点、引用资料中的情况介绍、村庄规划和项目的特色、村庄发展的个性化阐述等，都尽可能地尊重原本事实和第一手资料，由此难免带来本书所引用资料与其他一些作者对这些村庄介绍的情况存在近似、类似和重复，为此也敬请大家谅解。本书的目的只有一个，向更多的同行介绍全国乡村振兴领头雁的优秀案例和发展经验，倾注全力、尽我所能。

与上本书不同，收录本书的村庄，大多是近10年中，以新发展理念为引领创新实践发展起来的样板村，它们中有把民俗文化的文章做到极致的"关中第一村"袁家村、坚持发展农村电商带动村民致富的辽宁省朝阳县十家子村、创新社区支持农业模式的北京小毛驴农场；有以"三变"改革和经营体制创新为抓手发展起来的贵州省盘州市舍烹村；也有以社会资本撬动乡村资源活化为支撑的山东省临沂市竹泉村、河南省郑州市泰山村、四川省广元市月坝村；还有打造世界最美乡村中国版的江西婺源模式、中国乡村旅游和民宿产业的领头羊浙江省德清县莫干山小镇、乡村营造艺术样板安徽省巢湖市三瓜公社、一碗螺蛳粉飘香地球村的广西壮族自治区柳州市柳南区的螺蛳粉小镇、聚力打造书香田园的福建省平潭综合实验区龙海村，还有坚持党建引领奏响"强村富民"振兴曲的福建省龙岩市培斜村和山东省兰陵县代村，更有着力以生态为核心多元化发展田园综合体的浙江省安吉县鲁家村、浙江省桐乡市乌村、四川省蒲江县明月村、山东省沂水县尹家峪村、青海省大通回族自治县边麻沟村、云南省勐海县布朗山乡老班章村。它们的创新发展思路、改革探索实践、坚定前行脚步都让我们深感敬佩、深受启发、深为惊叹，尽管它们都带有村庄自身资源要素赋予的独特发展个性，但也都拥有新时代赋予的共同特点，就是以新发展理念和创造性探索实践，出色谱写了"乡村产业振兴、人才振兴、文化振兴、生态振兴、组织振兴"五大振兴的每个篇章。这些案例中所体现的发展理念、担当勇气、创新模式、做法经验等，都很值得正在坚定地前行在乡村振兴大道上的同仁们学习借鉴。

因调研过程中正好遇上三年疫情影响，使进村入户走访的广度和深度还远远不够，或因面上情况收集把握不准，一些重要典型案例未被列入；或一些村庄因走访调研不深，少数素材和数据来源于网络且掌握不全，特别是作为附录介绍的国外4个乡村发展案例，更是存在这方面的情况。所有诸多不足和问题，敬请谅解。

鉴于有些村庄是在较早时间采访的，有的已时隔五六年，有些村庄是在疫情期间造访，受到了一些条件和环境的制约和影响，因此，2024年八九月间，我对其中的9个村庄进行了重访。让人欣慰的是，其中的一些以乡村文旅为产业支撑的村庄，尽管受疫情和经济大环境影响，游客人气有点大不如前，但乡村的事业发展仍然没有止步，而且日新月异，乡村领头雁们带领广大村民探索创新的实践一直在持续前行。这也让我的重访有了更多的思索、教益和收获，我及时将掌握的一些新情况充实到书稿中去，以求尽可能准确、全貌、与时俱进地反映这些村庄发展的故事及其内涵和价值。在进村走访、收集整理、思考撰写这些村的发展故事中，我倍受教育、深受鼓励，文中有感而发作了描述，并在对一些村庄的叙述中谈了个人粗浅看法和体会，或有一些不妥之处，期待批评指正。

在走访以上村庄过程中，得到了许多领导和好友的指导、推介和联络协调，也得到这些村庄所在县（市区）、乡镇领导和相关部门的关心和支持，特别是这些村庄的村"两委"成员和新农人的帮助和配合，使我的采访和资料收集、整理能得以顺利进行。在此，对他们表示衷心感谢！

游祖勇

2024年9月28日

于平潭·龙海村阅读小镇逸龙书院

目 录

袁家村：“关中印象体验地”发展模式的独特魅力 …………………… 1

鲁家村：高品质打造"公司+村集体+家庭农场"田园综合体 …… 15

明月村：聚力打造浪漫田园和文创高地 …………………………… 26

舍烹村："三变"改革发源地的乡村振兴之路 …………………… 36

泰山村：村集体经济与社会资本结合的发展样板 ………………… 46

乌村：体验式精品农庄的中国样本 ………………………………… 54

竹泉村：社会资本撬动乡村资源活化的创新实践 ………………… 64

尹家峪村：致力打造田园综合体的高质量发展形态 ……………… 77

月坝村：从旅游示范户到高品质康养小镇的华丽蜕变 …………… 89

边麻沟村：幸福生活像花儿一样盛开 ……………………………… 98

代村：中国式乡村现代化的成功样本 ……………………………… 108

培斜村：党建领航，奏响"富民强村"振兴曲 ……………………… 120

中国普洱茶第一村：老班章"古树生津""舌底鸣泉" ……………… 130

十家子村：返乡青年打造农村电商新天地 ………………………… 142

"小毛驴"农场：石嫣与她的 CSA 农业模式……………………151

打造世界最美乡村中国版：乡村振兴的婺源模式及其价值…………158

"三瓜公社"：乡村营造艺术＋电商产业的特色样板………………171

平潭·龙海阅读小镇：聚力书香田园，打造新阅读空间……………181

螺蛳粉小镇：从街坊小吃，到百亿产业和农文旅综合体……………194

莫干山小镇：乡村旅游的高端形态和中国民宿产业的引领者………203

附录：

欧豪村：回归自然万物共生，德国"乡村活化"的标杆………………213

羊角村：童话里走出的荷兰绿色威尼斯…………………………218

英格堡村：瑞士山谷中的温柔 "天使之乡"……………………223

普罗旺斯村：韩国风情浪漫的童话王国……………………………230

袁家村："关中印象体验地"发展模式的独特魅力

被誉为"关中第一村"的陕西省袁家村，以其深厚的历史文化底蕴和独特的关中民俗文化形态而闻名，而其"关中印象体验地"的成功打造，更是让游客趋之若鹜，号称"中国民俗第一村""乡村旅游第一村"，成为全国乡村振兴中的独特样板。笔者对袁家村的发展模式早有所闻，也查阅过不少资料和相关报道，思考良多，但还是不得要领、难解其意。因此，在2021年3月21日和2024年8月27日先后两次实地走访了袁家村，在"关

中印象体验地"好好地体验了一把，颇感震撼、深受启发。

袁家村位于陕西省礼泉县烟霞镇，距离西安78公里，独特的区位优势、丰富的民俗文化资源和坚强有力的村党支部，成就了袁家村发展模式的成功落地和不断升级。以郭占武为领头雁的村党支部，带领村里党员干部和全体村民，坚持以关中民俗文化为主题，以打造"关中印象体验地"为定位，把关中传统的生产生活方式转化为旅游资源和市场业态，不断规范管理、提升品质，打造农民创业平台，通过15年的发展，已经成为陕西民俗文化旅游、乡村度假、健康农产品第一品牌。不仅有"中国传统村落""中国十大美丽乡村""全国文明村镇""全国乡村旅游示范村""国家4A级旅游景区"等众多荣誉，更是乡村旅游领域当之无愧的"流量之王"和"吸金之王"。2023年，袁家村村民的人均纯收入已超过了15万元，年客流量超过880万人次，旅游总收入超过12亿元，成为以村为单位的旅游客流量和旅游收入的巨无霸。据统计，在袁家村汇集的创业主体、投资主体有1500多个，建成32家农民股份合作社，解决了4500多个周边村民的就业问题，带动了周边近 2 万农民发家致富。

一、强势推手领路："一个能人"带着"一村股民"奋斗

20 世纪 70 年代以前的袁家村，还是一个名不见经传的关中贫瘠村，全村 62 户 286 人，村民大多住在破旧、低矮的土坯房中，其中还有 15 户住地坑窑。这里既没有叫得响的名胜古迹，也没有独特的山水资源。被当地人喻为"地无三尺平，砂石到处见"，"耕地无牛，点灯没油，干活选不出头"。1970 年，24 岁的郭裕禄担任村党支部书记后，铁下一条心，立志要彻底改变村庄面貌，他带领村民从发展农业生产下手，大搞土地整理、农田水利建设和打井积肥，把村里 500 多亩靠天吃饭的坡地、荒地、小块地变成旱涝保收的良田，村里的粮食产量年年增长，村民户户有余粮，一举成为全省乃至全国农业战线的一面旗帜。改革开放后，袁家村根据中央"宜分则分，宜统则统"的精神，没有分田到户继续坚持集体经营。进入 20 世纪 80 年代，袁家村通过村办企业很快走上了小康道路，村上先后投资 460 万元，建起了硅铁厂、印刷厂、海绵厂等一批村集体企业，成立了汽车运输队、建筑队，办起了商业服务部，迅速扩大为集建材、餐饮、旅游、运输、服务、房地产、影视为一体的大型集团公司，积极融入大西安经济圈发展，村民人均收入达到 8600 元，村集体资产达到 1.8 亿元，成为闻名全国的"小康村"。20 世纪 90 年代后期开始，不少地方村集体企业在低水平重复生产、恶性竞争中开始走下坡路，袁家村村办工厂陆续关门或由地方国有企业兼并，村里的果业、养殖业效益也逐年下滑，这个曾经的明星村很快成了"空心村"。

2007 年，在外打拼多年的乡贤郭占武回村创业，接替他父亲郭裕禄担任了村党支部书记。他立志重振袁家村，闯出一条旅游兴村富民之路。那时候，村里只有一条两边盖着二层板式小楼的小街巷，这是新农村建设时期村民自建的，既说不上关中民俗特色，更看不出有什么旅游资源价值。郭占武搞旅游的想法，从旅游专业人士到地方领导乃至本村村民，都不认

可，大家认为袁家村不适合发展旅游业。但他铁了心一定要试一试，他拜访了多位陕西省旅游规划方面的专家，希望他们能指点迷津，但没有一家公司愿意帮助袁家村做规划设计。"最后，是我们自己，因地制宜，决定做民俗，用民俗来吸引游客。"郭占武自信满满地向客人介绍。

作为袁家村"关中印象体验地"创始人和设计者，郭占武具有乡村强势管理者和领头雁的风格，他强有力地将村民紧紧团结在一起，拧成一股绳，坚守集体经济，通过统一旅游开发、运营和管理，形成袁家村的统一品牌。有人形象地说，"袁家村这15年蝶变相当于拍了一部电视连续剧，总导演是郭占武，制片人是村集体，全村老百姓是出色的演员，他们不需要化妆，只要根据郭占武的设计来恢复他们的传统生活，而来到袁家村的游客就是观众，近年观众越来越多，而且不自觉地变成这部连续剧的剧中人。"袁家村"关中印象体验地"和乡村生活综合体，在建设初期，完全是郭占武自主创新的个人作品，几乎是"无专业队伍策划设计、无外来建筑公司施工团队介入、无政府政策和资金支持、无外来资本投资"的"四无产品"。很多人认为袁家村一定花了很多钱，实际上在开发初期他们只是花了40万元把两家农家乐变成30多家农家乐，客流源源不断而来，策划、规划、设计和运营模式创建都是郭占武独立完成的。郭占武带领父老乡亲组建了一个团队，规划图在郭占武的脑海里慢慢勾画形成，而且随着项目的向前推进，及时调整、不断完善，建设、招商、运营也都是由郭占武带领团队和村民自主完成，没有借助和依赖高端人才和专家队伍。

建设伊始，郭占武就给自己定下规矩，立足村庄独特的资源要素，完全依靠村民，不信书本上的条条框框，打破常规，把村子打造成一个"乡愁版"的袁家村。村里通过支部引路、党员示范、群众参与等形式，集体投资2000多万元，作为第一期建设资金。郭占武带领村民，边策划设计，边修改调整；边治理和整治环境，边动手建设打造，建成了占地110亩的袁家村第一条旅游街——康庄老街，还修建了唐宝宁寺，创办了53户农家乐，向游客展现了关中传统老街区、老建筑、老作坊、老物件等文化遗产，

也彰显出代表关中民俗文化、民间工艺、乡土生活的粗略形态，让都市居民品赏和体验到与城里截然不同的独特生活。沿街建起来的一个个小作坊，毫无保留地向游客全过程、全方位展现出关中日常生活中需要的面粉、油、辣子、豆腐、布和衣服的生产流程和工序。袁家村建设和发展过程中最独特的经验，就是一批有深厚乡愁和情怀的村民，用心打造和再现了关中地区传统的生态，无论是传统作坊的复活，还是传统工艺流程的再造，都让关中的传统生活形态体现得淋漓尽致，而这些都是村民们自己来完成的，还可以吸引游客参与体验。在发展到一定阶段，村民们很快又意识必须进行风貌和业态整体规划、统一改造、统一定位，适时创新地建立了"关中印象体验地"的品牌，使得袁家对外传播有了统一口径。而这一品牌的独特内涵，用袁家村人的话说，就是"以关中民俗文化为主题，以乡村生活和当地农民参与经营为特征，以原生态和零添加的方式，用农民的办法捍卫食品安全，建成村景一体的关中印象体验地"。最初的商户和游客是村"两委"和村民们千辛万苦招揽回来的,慢慢地袁家村的口碑效应不断显现,游客越来越多,年接待游客人次从10万增加到30万、60万、90万。直到本村村民的农家乐已经没有能力全部承接,袁家村在2010年又建了小吃一条街,经营户达到66家,2011年接着打造了康庄北街(酒吧文化一条街),就此踏上了持续不断的产业升级之路。这时候袁家村已经形成以吃、住、行、游、购、娱为一体的生态、民俗、文物资源相融合的多层次、多品味的关中印象体验地——"关中古镇"。

到了2012年,袁家村进一步发展壮大遇到了瓶颈,郭占武和他的团队在调研分析市场走势后,及时转变思路,开始升级做乡村度假,打造民宿、精品客栈和创意工作室等,把眼光瞄准城里的"文艺青年"和"新农人",千方百计吸引城里人下乡,引进文创团队、时尚达人参与袁家村的经营,并陆续增加了很多新的业态,引进了星巴克、高空漂流、旅者营地等休闲体验项目,一批文创工作室、研学工坊、艺术驿站、咖啡厅、酒吧、书屋、时尚屋等相继出现,袁家村从一个单纯的"乡愁版"袁家村,逐渐过渡到一个多业态并存,具有更多时尚元素和城市元素的"时尚版"袁家村。已定居袁家村的中国新农村建设课题组组长宰建伟曾总结说,这时候"阳光下的袁家村逐渐实现了向月光下的袁家村的转变"。2014年之后,袁家村基本上是一个成熟的旅游小镇了,因为外来资本太多,袁家村扩充了,不仅有核心区,还有了回民街、书院街、大酒店、游乐场等等,新项目越来越多。随着袁家村的客流量持续大规模上升,"进城""出省"逐渐成为袁家村的突破口和发展战略抉择。2015年,袁家村"关中印象体验地"的第一家进城店在西安开业,这就是宰建伟所说的"城镇版"的袁家村的起步店。袁家村从"乡愁版"到"时尚版"再到"城镇版",这三个阶段发展反映在产业上,就是郭占武总结的"从关中民俗旅游开始,到乡村度假游,最终是发展农副产品产业"。[1]

---

[1] 资料来源:界面新闻《袁家村:乡村自主振兴的范本》和袁家村村委会提供的素材。

二、"六大机缘人设":成就袁家村样本持续热度和活力

1. 借力千万人口大城市,依托"西安·最中国"金字旅游品牌。 借势蹭流创新,探索差异化、个性化发展路子,这是袁家村模式成功的机缘和秘诀。盯上西安"国际著名旅游目的地"的巨大客群,袁家村通过构建乡村生活综合体,导入稳定的规模化客流量。袁家村距离西安78公里,到西安市区仅一个小时的车程。4公里外就是著名的唐昭陵(唐太宗李世民陵墓)。袁家村在接受唐昭陵辐射的同时,更是将眼光瞄准了70公里外的西安,充分发挥地缘优势借机发力。借流西安,不仅从这个千万人口的大城市引流,更是把西安这个国际最著名旅游目的地的游客分流出来,从每年1.5亿人次的庞大旅游人群中获得流量。袁家村因其地处西安郊外交通便捷,可以随时来一次说走就走的旅行;同时又与城市生活和风情有着较大反差,形成较强个性化。正是得益于将这种"不近不远"的区位优势进行充分挖掘放大,打造了大都市周边的短途旅游目的地和国际旅游城市的一小时辐射圈内乡村独特风情,成就了袁家村这个乡村高质量发展的独

特模式。

2. 构建"乡村生活综合体",打造出售乡村生活形态的商业模式。这是袁家村样板的独到之处,其创新和借鉴价值堪称经典范本。乡村生活的现实形态是袁家村创新的源泉和灵魂,具有强大的生命力和独特魅力。2007年的袁家村还是一个"空心村",村集体的资产是负数,唯一的资源是村办企业留下来的建设用地。困境面前,郭占武独到地认为,乡村的传统习俗、村民的日常生活,如果通过一种精心的设计,能够满足城市游客对乡村原生态的好奇和体验需求,就是一种旅游产品。说干就干,郭占武打了一张农村牌、农民牌。他看准了乡村生活极具个性化的特征,并希望能够渗透这个个性化并将其表现出来。他先是把袁家村的主要建筑,由贴瓷片的二层板式小楼成功地恢复到传统农耕文明的村落形态,通过恢复活化与生活相关的民俗和非遗,挖掘其衍生产品,然后导入当地村民,构建以家庭为单元的经营主体,让村民成为创业主体和经营主体,这样就恢复和再现内容丰富且复杂的传统乡村生活。袁家村出售乡村生活,其发展逻辑就是变乡村生活为乡村文旅业态,把乡村生活作为城市的需求点,坚持以村民为主体,把村民组织起来,克服分散经营的缺陷,打造村是景区、山是景色、街是景线、屋是景观、家是景点、村景一体、全民参与的田园诗意乡村综合体，形成游客进村入户交流无碍、快乐体验、友好互动、看所想看、问所想问的乡土原生态现实生活。袁家村乡村生活综合体的商业模式事实上就是把乡村生活作为旅游吸引物，让游客零距离、多维度、全方位来体验乡村生活的真实性和独特魅力。

3. 发挥农民主体作用，以股份合作社形式让村民全体参与、共同富裕。这种"新集体经济体制"是袁家村发展模式的核心和根本，并以其成功实践回答了乡村振兴为了谁、依靠谁的时代命题。袁家村人早在脱贫致富奔小康年代，就有了发展集体经济和闯荡市场的经验和基因，因此在创建"关中印象体验地"伊始，他们就明确了自主发展的路径，坚持村民的主体地位和作用不动摇，首先是把村民动员起来，以组织模式和制度设计创新，实现村民共同富裕。袁家村以复活村民最熟悉的老手艺、文化习俗、生活形态为载体，全力打造农民创业平台，塑造了关中印象体验地这一独特品牌，并通过创办农民学校，持续加强新经营业态教育和培训，大力度提供优惠政策，让农户低成本或无成本进入袁家村经营；村里成立了农民合作社，吸引能人或手艺人进入袁家村经营，先后开办了小吃街合作社、豆腐合作社、粉条合作社、辣子合作社、酸奶合作社、面粉合作社、醋合作社、油合作社等，根据市场供求变化和业主经营情况，及时对优势企业和项目进行扶持。同时，通过股份合作制和收入分配调节机制，既动员全民参与、股份共享、利益均衡、共同富裕，又鼓励业主带头创业创新、大胆先行领路；村里大力推动优势项目产业化，鼓励商家积极销售当地特色农产品，从而带动了当地二产加工，而二产销量的增长直接倒逼了一产的种养殖业发展，最后形成一、二、三产融合。

4. 探索乡建小窍门，"弯道窄门""小街巷、短距离"。这是袁家村乡创乡建的原创密码，它让"乡愁"随处可寻、触手可及。丹麦著名建筑师扬·盖尔在《交往与空间》一书中有个名言："有人来是因为有人来，没人来是因为没人来。"袁家村在小食街建设中，致力于在"空心村"中打造人气感，创建"窄门小户"，收紧了街巷的宽度，收短了街巷的长度，在街巷的界面上进行了趣味化处理，增加了"拐弯抹角"，为游客逛街体验创造更加奇妙舒适的小环境，打造了小巧宜人的精致街区。小吃街不长不宽、弯来曲去，但两边店铺作坊林立，每隔一段距离就在临街建筑上增加些错落变化，以蜿蜒曲折的形态，制造出熙熙攘攘的感觉，吊足了观光客的胃口，不仅能大大提升游客兴致，还能很好地协调游客逛街的节奏，增添游客闲逛的好奇心和舒适感。

5. 致力于调理好城里人的"胃"，勾住各方来客的"魂"。 袁家村在业态创新上，主打美食产业链，并倾注全力把她做到精细、精致、极致。"民以食为天，吃货有美食则神仙。"袁家村以吃为主题，千方百计、花样翻新地打造"吃的世界"，从最初的两家农家乐开始，不断发展演绎出今天小吃街，再把它复制到各大城市去。这里，是生活版的美食大百科全书、是生态版的美食食材展、是艺术版的美食制作秀，是现代版的美食体验剧，美食让袁家村有了更多吸引眼球和富有煽动力和诱惑性的地方，小吃街成

为一张"金字"名片。

6. 源于乡土生活的自主创新，打造内生驱动型发展样本。 2007年以来，仅仅用了十多年时间，郭占武通过持续创新，把袁家村的发展理念、发展业态和发展模式，带到了一个前所未有的高度。袁家村的成功发展案例，引发了广泛关注，得到了较为普遍的认同、称赞和借鉴。综合分析其发展过程和成功实践，笔者认为，袁家村在以下四个方面创造了其模式的个性魅力：一是乡土化自主创新理念及其成功实践。郭占武不依赖专业人士和机构，带领自己的团队，从脚下的土地、村庄的生活、村落的老宅、村民的习俗、民间的工艺等要素中寻找设计灵感和创业智慧，自己学习、思索、创新发展理念，自行策划设计文旅项目，自主组织实施项目，自力推动发展乡村旅游，这在多个层面上挑战、推翻和颠覆了传统教科书和行政审批上对乡村旅游的定义、范式和认知，使我们不得不重新思考乡村文旅究竟应该由谁来定义、定式、定夺；二是聚内力、轻资产、"全民皆兵"，专注做自己擅长的业态。袁家村不等不靠，一个强势领头雁领着一批村民，自力更生硬闯出一条新路。这里，没有得天独厚的自然风景名胜赋予的旅游资源要素，没有国家政策赋予的试点示范项目和资金支持，没有外来资本投资和加持，而是完全靠以郭占武为党支部书记的村领导班子，把村民的主体地位和作用真正发挥起来，喷发出来内生动力和创新创业能力，导入了各方资源，实现了跨越发展。这与全国近年来涌现出来的一些靠政策、资金、专项债等堆起来的特色小镇和样板示范村相比，其借鉴意义、实践价值和教育影响更为独特；三是打造出一条城乡融合、三产融合的"人才动线"。一方面，袁家村有组织、有计划、有步骤地将城里的创客、文艺青年、新乡贤、新农人等导向村庄，为乡村不断注入文旅人才新鲜活力；另一方面，再把乡村文旅产业发展起来的领头人、手艺人、经营户等带进城里，以村集体为单位，用村里的品牌、模式与城区政府和当地企业合作，在拓展业务和市场中把他们培养成老板和合伙人，实现其创业梦。同样是农民进城，而我们的农民兄弟这次进城的身份已经大不一样了，从被动分散打工转变为自主自力置业，这是一种何等的跨越！城乡人才"一进一出、双向互动"，这何尝不是乡村人才振兴的一道美丽风景？四是创新自身模式的理念，拓展和完善自身模式内涵，推介和唱响自身模式的现实和时代意义。袁家村自我求索、自主实践、自觉研究总结，通过对自身发展经验的不断完善提升，形成并定义为袁家村模式，再将这个模式的内涵向村民培训，形成共识，不断传承和传播推介，直至对外开展咨询、策划和设计业务，让这一"模式"的借鉴意义和实践价值发扬光大，影响和激励更多的乡村从自身的实际出发，坚定地走上内生驱动、自主发展的路子。

三、"进城出省"升级版：彰显新时代袁家村人坚实脚步

2017年袁家村的客流量已经超过了五六百万人次，发展到这个阶段，郭占武已经深刻地意识到，长远发展是不可能靠游客增量来实现。这时，袁家村开始逐渐向乡村度假过度，城里的民宿创客被引入村庄。同时，开始谋划"进城出省"战略，更多的资本和人才来到这里，尝试着把餐饮、农副产品、小农贸市场、小作坊、茶楼、戏楼等袁家村的生活方式直接搬到了西安最高端的商业综合体。随着袁家村的不断扩容，"进城出省"逐渐成为重头戏。截至2022年底，袁家村先后在西安开设了18家"城市体验店"，总营收3亿多元，每一个店都是农民合作社的形式，他们把袁家村的美食送到了西安人的餐桌上，同时也让西安人在体验店便捷地买到袁家村品牌的农产品。这时，袁家村的"出省计划"也开始实施，他们用袁家村人总结的经验和思路，在其他省份打造出不同地域文化背景的"袁家村"。这种成熟的乡村旅游商业模式，在全国各地大规模扩张和复制，西宁、郑州、同盟古镇、忻州古城等地都成功复制"袁家村模式"。一时间，"袁家村来了"成为一个口号，为乡村发展提供了一个新的方向，袁家村的成功实践告诉人们，未来乡村生活一定是城市市民更加向往、更适合人居的生活。

郭占武和袁家村人十分清楚，转型升级的道路远远难于当年的创业，

他们始终努力地从产业链延伸拓展中把握商机。袁家村人瞄准产业链中的每个环节和细节，将起初带有民俗展示性质的辣子、油、面、醋、豆腐等作坊进行改造提升，与新建的粉条、醪糟、酸奶等作坊统筹规划，打造产业链融合发展新业态。随着市场需求越来越旺，原来从周边乃至全国各地遴选出来的原料已很难满足生产需要，袁家村人便开始筹办食品工业园，专门生产急需的安全生态食品，特别是市场新需求的高端食品，以满足蓬勃发展中的农家乐、小吃街、进城店的需求，而这又必须从建设安全可控的现代农业生产基地着手。袁家村模式中的这条产业链打造，被村民们生动地概括为由"三产"带动"二产"再带动"一产"的逆产业升级之路。

　　袁家村的创业发展历程和转型升级过程，最根本的是村历届党支部大力发展不同历史时期特征的村集体经济，坚定地走共同富裕道路。袁家村村史馆里清晰地标明着"支部定出路，党员帮农户，最终实现共同富"这一袁家村成功发展的"法宝"。袁家村人这样向人们介绍他们的"四有"

经验和启示：一是有一个坚强有力、团结实干的领导班子；二是有一个始终不渝、一以贯之的奋斗目标；三是有一个与时俱进、清晰具体的发展思路；四是有一套善集民智、切实管用的好机制。袁家村发展的每个历史阶段，无不凝聚着村党支部一班人的智慧和心血。实际上袁家村模式的创立和成长过程，也是袁家村人在村党支部一班人带领下，一起自我学习、创新和提升过程。他们十分注重自身的学习培训，常年开办村民学校，每周一期，郭占武亲自给村民讲课，组织新老村民进行经验交流，有时还请专家授课。郭占武希望有更多的专家来袁家村多做一些尝试，培养出新一代具有专业知识或丰富经验的新村民。2018年8月，袁家村开始面向全球招聘"实习村长"，"实习村长"任期一个月，参与和协助村主任处理各项事务，特别是发挥与村庄急需的相关专业经验和特长。此举体现了袁家村在发展的道路上对人才的重视、渴望和创新。袁家村未来的转型升级还在探索发展中，特别是在面临经济周期性调整和市场消费需求迭代型变化的情况下，如何不断创新，坚定前行，继续引领。当然，当下和未来的改变不止是在"吃"上求升级，"吃"本身是一个非常难升级的业态，只要保持原汁原味就是最好的升级。更重要的是保护、呈现并传承中华优秀传统文化内涵，升级小吃街周边业态结构，比如祠堂街、书院街、关中古镇等的业态改造创新。新业态的探索实践不可能一蹴而就，郭占武和袁家村的一代新村民，必将继续为这块生机盎然的热土注入时代化内涵、个性化要素、更加生动的创意和有趣的灵魂。

鲁家村：高品质打造"公司＋村集体＋家庭农场"田园综合体

"青砖黑瓦古厝，青山绿水环绕。开门就是花园，全村都是景区。"这是笔者2020年3月25日第一次踏进鲁家村的深刻印象。2024年9月7日，当笔者再次来到这里，已认不出村口的道路和村间公园，"两山"学院和村史馆的工作人员向我们详细介绍了这里新的发展变化。乡村土特产馆里的售货员和正在田间劳作的村民跟我聊起村里的事儿时，脸上总是带着满满的自信和幸福。鲁家村从美丽乡村起步，到美丽经济跨越，最终创造出自己独特的发展模式，实现全体村民共同富裕，仅仅用了十年左右时间。从2011年开始，以朱仁斌为村党支部书记的鲁家村领导班子，在"两山"理论的指引下，以美丽乡村精品村创建为契机，立足生态，发展产业，打造平台，用独特新颖的经营理念，首创"公司＋村集体＋家庭农场"的新模式，启动了全国首个家庭农场集聚区和示范区建设，将全村一万多亩低丘缓坡和农民分散耕作的承包地，改造、整理建成18个各具主题特色的家庭农场，向游客呈现了"有农有牧、有景有致、有山有水、各具特色"田园综合体的独特魅力。2022年，鲁家村村级集体经济收入从2011年的1.8万元增长到610万元，农民人均收入从1.95万元增加到4.71万元，村集体资产从不足30万元增加到2.9亿元，从一个贫困村蜕变成为脱贫致富的明星村，先后获得"中国美丽休闲乡村""国家森林乡村""全国乡村旅游重点村""全国美丽乡村精品示范村"等称号。

一、选准发展路径，统筹村域布局，着力顶层设计

鲁家村位于浙江省安吉县城东北部，距离杭州市 30 公里，全村 610 户 2200 人，占地 16.7 平方公里，以山地丘陵地形为主。没有名人故居、没有古村落、没有风景名胜、没有像样的产业，鲁家村拿什么发展乡村旅游？这是鲁家村人发展初期深受困扰的问题和疑虑。2011 年，在外创业成功回村乡贤朱仁斌的一番分析和思索，打消了乡亲们顾虑。当上村党支部书记的朱仁斌，充满干事创业的激情和建设家乡的情怀，凭着较强的市场意识、较广的商界人脉资源、敢闯敢拼的勇气和开阔的发展思路，开始把乡村建设当作人生最后的事业，发挥了乡村振兴"火车头""领头雁"的带动和引领作用。朱仁斌认为，鲁家村发展起步晚，不能仅靠传统单一优势产业，也不能再走原有的点状布局、局部发展的路子，更不能依葫芦画瓢跟风发展，必须践行新发展理念，立足自身资源要素，整村规划、全村域统筹。越是没有明显优势和特点的乡村，越应该在项目初期先做好策划

规划，科学的顶层设计是项目不走歪的基本保障。经过一番调研，朱仁斌与村干部和乡贤、村民沟通后下定了决心，必须按照村庄原有的脉络进行梳理，从乡村的自然生态和历史文化资源入手，策划和布局产业，统筹规划生产、生活和生态空间，将规划、建设与运营有机结合，促进乡村人与自然和谐共生，让更多年轻人回到村庄，让更多的游客爱上乡村，让美丽乡村产生美丽经济。为此，村里下了大决心，大手笔进行村域规划，按照4A级景区标准进行空间布局，设定了18个家庭农场，并根据各自的位置、地形、面积以及土壤和供水条件，区分功能布局、突出不同风格，让各农场的种植品类各具特色，分别以野山茶、特种野山羊、蔬菜果园、绿化苗木、药材等产业为主。18个农场中，核心农场位于中心自然村，其余17家农场错落有致地分布在四周自然村落。还配套建设了4.5公里的环村观光小火车线路，将分散的18个农场串点成线，使之成为一个环村游有机整体，方便旅客的同时也能够让各个家庭农场均衡发展。

当朱仁斌把这套美丽乡村规划蓝图摆到村民面前时，资金筹措问题又让他犯了愁。他自掏腰包，将50万元存款无息借给村委，又以个人名义为建筑费用作担保，让建筑商先接项目后付款。朱仁斌带领村班子用行动换来了村民的信任和支持，村民对于创建美丽乡村的态度很快发生了转变，20余位乡贤主动筹资300万元，再通过村集体资产盘活、工程垫资、上级政策奖补和银行贷款，总共筹到了1700多万元，首期工程建设快速推进，村庄环境得到全面整治清理美化，一批项目陆续竣工，打造了一个最美村落，修建一条最美河道、一条最美村道，建成木艺文化馆、便民服务中心、商住楼、村委会办公楼和居家养老服务中心等项目。2011年底，全县美丽乡村验收测评，鲁家村异军突起，成功获得"美丽乡村精品村"荣誉，并不断完善提升，在经营和发展中逐步进入良性循环。2013年，中央一号文件首次明确提出发展"家庭农场"，鼓励和支持承包土地向专业大户、家庭农场、农民合作社流转，这给了鲁家村创新发展的灵感和机遇，他们迅速搭上国家政策快车，开创了家庭农场集群式发展的"鲁家村模式"。村里按照规划蓝图，加大基础建设和 18 个各具特色家庭农场的招商力度，走差异化发展路子，首批农场很快落地开园。

二、资源性资产与社会资本有机融合，推动运营模式创新，大大提高土地的附加值

1. 多元投入新机制助力田园综合体迅速腾飞。在一批美丽乡村建设项目落地后，鲁家村及时启动了土地流转和资源变资产改革，全村 620 户村民有 610 户参与了土地流转，共流转 8000 亩，平均每户每年租金约为 8000 元。紧接着，又对村里的一些宅基地、集体建设用地、闲置土地、山林等资源实施流转，形成村集体资产和资本。村民在家门口干活就能赚到外出打工同等的钱，很快吸引了 300 多名村民在村里就地就业，很多外出的年轻人开始返乡创业。在全部完成村民土地确权登记颁证和建立农户对土地承包权、宅基地使用权的自愿有偿退出机制后，统一实施农田复垦、建设用地指标集中调拨或使用，盘活闲置土地，唤醒了沉睡资源。在投入机制创新的具体运作上，鲁家村努力争取农场的配套设施由政府投入，先后争取中小河流治理项目和高标准农田建设项目省级补助资金 3000 多万元；而农场之内的建设和运营由社会资本负责，通过"产前金融支持、产中技术帮扶、产后产品销售"三位一体的服务支持农民合作社发展。有了科学的发展蓝图、坚实的发展基础和清晰的发展前景，加上融资模式的创新，鲁家村在引进社会资本投资方面独辟蹊径，采用化整为零的做法，把全村土地按土型地貌地质分成多个板块、多个子项目，每个板块设定产业方向和功能，通过分板块、分功能区、分项目类型招商，吸引外部资本、人才和技术等，从而减少操盘手和社会中小文旅企业的压力和降低运营风险。在朱仁斌和乡亲们的感染下，村里 9 名多年在外创业的乡贤返乡投资近亿元，成为首批农场主。在招商过程中，每洽谈一个项目，村里都会有 1 名村干部 +1 名小组长 + 若干名党员跟踪服务，帮助解决遇到的实际困难，千方百计推进项目的落地。

2017年8月，入围全国首批15个国家田园综合体试点项目，又一次为鲁家村的发展带来了新的机遇。鲁家村通过规划争取到1.5亿元国家项目补助资金，并以此为契机变招商为选商，通过广泛的营销宣传，形成了明星效应，迎来络绎不绝的投资考察团队到现场考察。通过招商、选商，先后引进了20多家企业，短短三年内就有10多亿工商资本"砸"进18个家庭农场，也"砸"热了鲁家村这方秀丽的山水。每个农场大多在100亩至300亩之间，虽然规模不大，但投入强度都很高，仅花海世界总投资就达到5.8亿元，中药农场的投资达到2亿元，还有风情街、萤火虫房车营地和百合庄园、开心农场、牡丹农场等，最大的养老项目投资高达10亿元。目前，鲁家村已引入外来工商资本27亿元，高品质打造"田园鲁家景区"，建成了以生态农业开发、生态环境保护运用为宗旨，集科普教育、种植养殖、运动休闲、农业观光、餐饮娱乐于一体的绿色生态产业园。

2. 紧盯消费新需求，打造发展新业态，创新运营新模式。鲁家村根据田园综合体的场地特征，有效利用山、水、田等元素，打造主题鲜明的创意农场，最终形成集聚化的家庭农场产业群，并以花卉中药材和特色水果两大农业产业为主导，通过现代农业+乡村旅游，实现农村产业多功能叠加，让美丽乡村向美丽经济全面升级。在运营中，鲁家村根据市场需求变化，及时引导各个家庭农场区分开发功能，避免简单雷同、自相竞争，同时鼓励农场之间加强协作，实现链条组合、互补共赢，形成若干条个性化休闲旅游线路，融合了乡村观光、游乐、休闲、运动、体验、度假、会议、养老、居住等多种功能，精心打造出"田园综合体休闲旅游"的独特品牌。例如蔬菜农场，以蔬菜的大面积种植、销售为主，同时也配套修建了一些休闲娱乐设施，为游客提供亲子类的游玩服务；野猪农场，除生猪养殖外，还举办全国性的赛猪、赛犬比赛，并且修建了卡丁车赛道，完善了露营、烧烤等项目的设施；高山农场，主营养殖野山羊和跑马场项目。鲁家村统一修建了游客服务中心、10公里绿道，将不同项目紧密联系在一起，用观光小火车将18个农场串联起来，并逐步完善周边的配备设施。观光小火车还被打造成了一条科普专列，沿线设置了二十四节气牌，并对应将线路两侧的绿化设计成春夏秋冬四季的景致。观光线路沿线建设有精品民宿，游客可以在六个火车分站选择自由上下车。

3. "公司+村集体+家庭农场"的组织运营模式是鲁家村的成功密码。 鲁家村在实践中创新推出了"公司+村集体+家庭农场"的组织运营模式，并不断完善、升级，很快带动了农场周边农产品、民宿、农家乐等经营销售，而这些食宿、销售网点则成了家庭农场的必要配套服务。2014年，湖北灵峰旅游公司投资1500万元与鲁家村合资组建成立安吉乡土农业发展有限公司，前者占51%，后者以上级部门项目投资和美丽乡村建设补助资金入股占比49%，同时建立了权责清晰的公司治理体系。合资公司负责全村基础设施建设、旅游运营管理服务、品牌打造和市场推广以及统一指导所有农场的产品销售和定价；村集体负责村里产业发展方向、土地流转、社会管理等统筹协调服务，并发挥为公司和农场争取政策和项目上的优势；各个农场负责具体的农田水利和配套设施建设，从事农产品生产、加工和营销等，大家"八仙过海、各显神通"。"整个村就是一个大平台，大家统一规划平台和品牌，实行资源共享、融合发展，从而达到共赢。"朱仁斌坦言，以一村之力，去建设和经营规模如此浩大的旅游区，难免力有不逮，这种经营机制，则恰好解决了落地困难。随着国家田园综合体品牌的落户，鲁家村对公司的股权结构和经营机制进行了调整完善，2023年又引入了浙江中青旅专门负责景区运营，并持续推动经营机制的探索实践。如今来到鲁家村，你可以尽情体验青青草地、丰收果园、美味土菜、悠闲野餐、乐趣采摘还有篝火晚会、木工DIY、茶艺创作等系列活动。村里常常游人如织，人气持续"爆棚"。

4. 以一、二、三产融合推进和抱团联盟引领高质量发展。 随着主题特色农场旅游业的快速发展，朱仁斌和鲁家村人开始意识到了农文旅融合发展势在必行。村里抓住机遇，与浙江省农科院合作打造农业高新产业园区，变传统农业为创意农业，变田园为乐园，变村庄为旅游景区，让田间劳动成为一种需要花钱才能体验的乐趣，让作坊加工生产成为游客手工操作的艺术秀场，结果既大幅提高了土地的收益和农产品的附加值，还成倍增加了文旅收入。鲁家村还与一些农产品加工销售企业联手开发伴手礼，通过个性化创意包装，既带动了农村土特产品销售，又扩大了村庄品牌知名度和影响力，形成收益互补、合作多赢。村里还建成了鲁家"两山"学院，成为独具特色的乡村干部培训基地和全国高校大学生实践基地。为更好地推介村庄的发展模式、经营理念和品牌魅力，鲁家村成立了专注景区管理和营销宣传公司，组织对外宣传吸引游客，同时也对内传达市场的反馈，之后通过对农业供给侧进行及时调整，以满足消费者对农产品、农业项目的多种需求来提高整体收益。鲁家村人始终有着自身发展的危机意识，在发展到了一个新阶段或遇到困难和瓶颈时，便自加压力寻求破局，积极扩大"朋友圈"，实施抱团发展，提质升级。村里适时提出了"区域性"

经营概念，以鲁家村为核心，辐射、带动周边的南北庄、义士塔、赤芝3个村，构筑"1+3"格局，共创4A级旅游大景区。目前正在积极推进的新发展项目规划范围总计55.78平方公里。鲁家村还努力将自己的发展模式和经营理念在全国推广，打造百村联盟，让更多的村学习借鉴这种理念和模式，通过农文旅融合高质量发展，实现村强民富生态美。

三、创新内部利益分配机制，保障村民、村集体和商业资本投资互利共赢

"利益共享，本来就是市场经济的内涵之一。这条准则坚守住了，就会形成一种良性循环。"朱仁斌这样认为，"鲁家村的创新模式就是通过完善的利益联结模式，让农村、农业、农民高度融合，将村集体、村民、开发企业或者管理企业、政府等多方参与形成利益共同体，构建强大的联动发展合力，从而实现共赢共享。企业（大户）通过资金、技术、管理、人才等多方面带动家庭农场、合作社、零散小户等的发展；政府通过多规合一，政策奖补等措施，推动典型示范带动；村民输出土地、人力、物力等，多渠道收益。"鲁家村在村民收益保障方面，项目发展初始就提前设计好村民的收益结构："土地流转的年租金＋村里就业的工资＋股权分红＋民房开发为民宿、农庄等的收入"，其中股权分红成了村民收入最大的一个部分，现在股本值从最早的每股375元一路飙升到2万元。鲁家村建立了一套较为科学完整的合作分配机制，统筹兼顾村集体、旅游公司、家庭农场主和村民各方利益，让他们都能从合作经营中获得相应比例的收益，这种模式较好地调动了各方的积极性，也实现了自身发展的良性循环，同时提高了村集体在乡村治理中的分量。村民的纯收入越来越多，再加上从村集体中享受不断增长的分红，也让村里的开发建设项目能够更加顺利推进，村民的凝聚力和参与度大大提高。

鲁家村创新集体经济发展模式，通过成立公司，进行市场化运营，村民收益渠道更加多元。朱仁斌对村民的收入构成如数家珍：首先是租金收

入，全村8000亩流转土地，平均每户的土地租金约为8000元；第二是就业收入，包括导游、环卫、保安、项目工人、服务人员等，目前已解决近800人就业，2019年发放工资3000多万元；第三是创业收入，开餐馆、办民宿、农产品及其他产品售卖等，有30余户人家将房屋改造成精品民宿，开门迎客后，每户年收入在20万元以上；第四是分红收入，旅游区每年约有30万游客，6000万元左右营业额，除去成本和农场主的分成，鲁家村在公司所占的股份能分得600万元；第五是美丽乡村"两山学院"带来的培训收入；第六是模式输出收入，即为外地美丽乡村提供从建设、设计、技术到资本的全方位服务。

如今，"鲁家村模式"和鲁家村田园综合体示范项目已经在全国乡村振兴中发挥着示范带动作用。为了增添新动能、提升新价值，形成更易借鉴推广的商业模式，鲁家村人正在围绕数字经济赋能，打通产业互联网与消费互联网，重构产业生态，创新引入创意设计、产业教育、康养休闲、科技创新等提升品牌价值，形成"一品一网一平台多基地"的平台经济，以田园综合体为载体，打造数字化产业示范区，探索适合当地资源禀赋和主题特色的乡村产业发展路径，形成可借鉴、可复制的经验做法，辐射周边村镇，带动村级经济高质量发展。同时，发挥"两山学院"的资源优势，以乡村党建为引擎，把成功经验推向全国，让"美丽乡村""美丽产业""美丽经济"引领全国广大乡村开启美好生活。

明月村：聚力打造浪漫田园和文创高地

　　茶山、竹海、明月窑，剧场、画廊、艺术馆，民宿、公园、咖啡屋……2024年9月14日，笔者再次来到这个被称作"放松的规划和生长的节奏"的小村庄，这里的山水花草、匠心造物，一切源自初心，自然汇聚，宛若天成。明月村项目负责人陈奇说，这是一个特别真实的地方，村子里传统的农耕、手工艺是从隋唐时代代代相传而来的，村民们农忙时采茶种田，农闲时玩起陶艺，过着世外桃源的生活。近年来，一批批慕名而来的设计师、建筑师、陶艺大师、主持人……他们用自己的双手在明月村建造起

一草一木，他们在这里体验着蓝天白云、绿水青山、返璞归真的惬意生活和文艺人生。村民之间和睦共处，无论是世代而居的老村民，还是这几年加入的新村民，大家聚在一起，享受着最美的清晨和黄昏，做着各自喜欢的事，追逐着相同的田园牧歌梦想。

明月村隶属四川省成都市蒲江县甘溪镇，陶艺文化底蕴深厚，唐宋以来就是民用陶瓷（邛窑）的重要生产区。践行绿色生态发展新理念，明月村立足自身历史文化资源，以当地的茶、竹特色产业为基础，拓展发展视野和领域，引入文艺创客，依托邛窑旧址，挖掘历史文化遗产要素，复活古陶瓷产业，实现生态农业、创意陶业与文旅商贸融合发展，走出了一条以文创产业发展为主导的乡村振兴之路。2022年，明月村接待游客28万人次，乡村休闲旅游总收入近4000万元，带动全村农民人均可支配收入突破3万元。近年来，明月村先后获评"全国文明村""全国乡村产业高质量发展十大典型""中国乡村旅游创客示范基地""中国十大最美乡村""中国美丽休闲乡村""全国乡村旅游重点村""文化和旅游公共服务机构功能融合试点村""全国乡村治理示范村""中国传统村落活化最佳案例"等荣誉称号，还入选"联合国国际可持续发展试点社区"。

一、着力理念机制创新，挖掘、活化、集聚产业要素

明月村位于成都平原西南部浅丘地区，地处蒲江、邛崃、名山三县交会处，占地6.78平方公里，森林覆盖率46.2%，原有村民727户，2218人。这里有南方丝绸之路上的皈宁驿站和隋唐茶马古道，还有着悠久的烧瓷历史，至今仍保留着四川省唯一的邛窑"明月窑"。这里还有独特的生态资源，拥有七千亩生态雷竹、三千亩生态茶园，古松、茶山、竹海……正是源于历史文化遗产的挖掘、保护和活化，源于自然生态资源带来的发展要素集聚，明月村积极探索创新出了"党建引领、政府搭台、文创撬动、产业支撑、公益助推、旅游合作社联动"的独特发展模式。

2012年汶川地震之前，明月村仍保留着一口迄今300多年的老窑，该

窑一直以来仍完整地沿用唐代工艺烧制"省油灯""双流壶"等日常生活器皿，后因地震中受损严重而停烧。一次偶然的机会，来自景德镇的陶艺师李敏到访明月村时发现了这口老窑，经与有关专家调查考证，认定这是邛窑中典型的"龙窑"。这一发现给了李敏和专家团队一个突如其来的灵感，他们很快提出了修复古窑、打造明月国际陶艺村的设想。这一设想与明月村村"两委"一拍即合，在蒲江县委、县政府的支持下，明月村自此开启了创意陶艺产业复兴之路。

2013年4月，明月国际陶艺村项目正式启动，县委指派时任县政协主席徐耘直接负责项目开发，他之前做过成都的安仁古镇、新场古镇和天台山景区的策划。项目团队到位后，徐耘为明月村奠定了"三个不任性"（权力不任性、资本不任性、农民不任性）的制度基调和"安居、乐业、家园"的村庄愿景。首先是加大了对老窑修复和保护的力度，很快老窑便恢复了生产。修复后的老窑取名"明月窑"，随后，以"明月窑"为特色品牌，研究开发出系列产品，并建成陶艺博物馆、陶艺家工作室、陶艺体验区等功能区域。同时，积极申报非遗项目，同步研制传统特色产品，列为非遗保护项目的明月窑陶艺，由残窑成长为陶艺产业群，并引进工艺和器形各有特色的"蜀山窑""清泉烧""火痕柴窑"等陶艺品牌，放大产业集聚效应。同时，打开视野，开办"邛窑馆藏陶瓷展""明月国际陶艺展"，与国内外陶艺家开展陶艺文化交流，提升陶文化内涵品质。2014年5月1日，明月窑正式对外开放，开始接待陶艺爱好者和游客。

2014年12月，蒲江县明月国际陶艺村项目工作领导小组应运而生，同时成立农旅融合项目工作推进组和驻地工作组，由徐耘牵头负责，县城投公司副总经理陈奇负责项目联络与协调具体工作。2016年10月，徐耘调往邛崃搞"邛窑遗址"开发，他向县委推荐了陈奇接续负责这项工作。开发伊始，明月国际陶艺村项目班子按照"安居、乐业、家园"这一主线，坚持"四措并举"推进文创项目落地。一是采用招才引智政策，吸引了包括国家工艺美术行业艺术大师、陶艺家、蓝染坊主、乡村设计师、诗人、作家、著名主持人以及各类手工艺人、有机农业深加工技术员等100余位知名艺术家、科技人员和非遗传承人入驻，引进规划、运营等经营人才，负责项目策划、招商、推广和管理工作；二是整合各类项目资金1亿多元用于基础设施建设，完善游客接待中心、道路、停车场、水、电、气等配套基础设施和公共服务供给，镇、村两级负责园区项目建设管理、用地保障、项目服务等；三是通过政策支持、人才支持、财政支持这三大基石，为明月村文创项目加砖铺路，特别是县里为项目提供了187亩国有建设用地，为筑巢引凤提供了落地保障；四是先后出台了《蒲江县促进乡村振兴的若干意见》《蒲江县促进文化创意和旅游产业发展若干意见》《蒲江县人才引进若干意见》等文件，为文化创意和旅游产业的发展提供政策依据。

随着各项政策的落地见效，一个以陶艺为主的文化创意聚集与文化创客集群的基地在明月村很快形成，一幅新老村民相互融合、共创共享的美好生活画卷在这里徐徐展开。从2015年开始，进驻明月村的各路"文创

族"，有的通过"招、拍、挂"的方式获得土地的使用权，在村里创建文创项目；有的租赁当地村民的闲置房屋，改造成文创工作室，一批文创公司接连落户栖居田园，100余位陶艺家、艺术家、设计师、新创客等作为投资主体，创建了以"陶"为主题的手工艺文创园区。

为了推动农文旅融合发展，明月村创新专业合作社运作模式。2015年3月，明月村运营团队依托3000余亩有机茶叶基地、8000余亩雷竹园区和300多年历史的明月窑，成立了乡村休闲旅游专业合作社，该合作社由村集体投入30万元、25位村民自愿集资30万元、当地政府投资30万元，共90万启动资金入股设立。其中，政府资金作为产业扶持，不参与股东分红。合作社聘请返乡创业青年彭双丽担任总经理，合作社统筹全村范围内的旅游项目建设、运营和相关配套服务，指导村民开设特色餐饮、精品民宿和乡土精品店等。合作社成立以来先后推出农事体验、自然教育、制陶体验和草木染体验等项目，打造了50多个文创项目，其中30个已经建成并对外开放。同时，针对雷竹、茶叶等本地特色的经济作物，根据其地域特性

精心打造出自己的乡土特色品牌，并不断做长土特产业链，还开发明月笋、明月染、明月陶等系列文创产品10余种，衍生出了明月笋丁、笋壳茶、创意竹编等多种特色产品，并扩大其产品附加值，最终形成一二三产业协同发展的局面。通过合作社的有效运营，带动了本村700多户2300余人参与项目发展，帮助村民实现了在家乡就业和创业。现在，已经陆续有150多名在外打工的明月村人返回家乡参与建设、运营。2020年合作社实现盈利130万元，被评为国家级示范合作社。

二、坚持科学规划优先，建设田园生态村落

明月村把村域规划放在优先位置，立足村庄资源要素，突出自身产业特色，致力于科学性和可实施性。早在明月国际陶艺村项目实施之前，项目工作组就根据规划方案将187亩国有建设用地按3个功能组团划分成17个地块，通过土地"招拍挂"引入多元化的社会资本，有效解决了核心区建设的资金来源。国际陶艺村以明月村的村情和农民的利益为根本，设计团队通过深入调研，反复与村民沟通，广泛听取并吸纳村民意见，形成了国际陶艺村策划方案，并确定了四个发展总基调："一是要为农民划出'创业区'，就是'凡是当地农民能做的，新村民都不要动，要保护老村民的利益'。二是可以在8.8公里的旅游环线上和7.7公里的天府绿道周边建造艺术家的院落，以发展创意陶艺和传统手工艺产业为主，吸引知名艺术家、传统手工艺、知名收藏家入驻，但是艺术家必须是明月村需要的各类人才，而不是谁有资本谁就能进入，工作组一开始就拒绝大资本的进入，防止明月村成为城里人的后花园或者某个大老板的项目基地。三是文化本底和生态本底必须保留，要给本土本乡的能人提供发挥创造力的舞台。四是政府落实的187亩国有建设用地实行点状供地，不改变村庄的田园风貌，要为发展文创产业提供必要的空间。"该规划构建了明月村"一核、四区、一环线"的空间发展布局一直延续至今。

明月国际陶艺村，宛如一座田园艺术天堂，既保留了一贯的魏晋风度，

又经过科学规划、创新建设了"陶艺手工艺文创区""林盘民居创客院落""谌塝塝瓦窑山村民创业区""茶山竹海松林保护区"和"文化中心",融合了研学体验、陶艺传承、文创拓展、自然保护、旅游接待等多项功能。在这里,老村民以出租房屋、在地创业、村内就业、游客服务等方式融入这个艺术天堂中,新村民则以陶瓷艺术创作、现代文明传播、新消费业态植入,不断引领明月村文创旅游产业升级。他们携手发力、共创共享,在"茶山、竹海、明月窑"的产业本底上,规划出了瓦窑山、谌塝塝两个老村民创业区,建设了荷塘、沙坑陶艺体验空间,整治了沟渠并建设了一条临河慢生活步行道,同时改造了村间道路,让沥青小道蜿蜒在树林之间,并用碎石小路在竹林、民宿和馒头窑之间串联出旅游线路。这些改造,除了政府投入的少量资金外,其他大都由创业者、老村民、公益组织等机构共同出资建设。明月村还十分注重茶山、竹海、松林等生态本底的保护与发展,开展绿道建设、风貌整治、院落美化和川西林盘修复,不断改善乡村宜居宜业宜游发展环境。

以"明月窑"为主线发展陶艺、蓝染、篆刻等文创产业,让"茶山、竹海、明月窑"成为明月村的新名片。如今,明月村已建成茶山竹海生态保护区,打造了火痕工坊、龚家大院、岚染工坊、明月轩篆刻博物馆、明月食堂、搞事情小酒馆、明月文创中心和唐园、朴园等餐饮场所,以及"谌家院子"、花筑奢·朗月、邂逅别舍、竹里·拾家、竹苑人家、晓得、明月远家、明月轩等民宿酒店,还有可进行手工体验的蜀山明月陶艺培训体验中心、明月天成农事体验果园和可进行文化游览的明月书馆、明月轩篆刻艺术博物馆、明月窑等等。目前,明月村已经引进并落成了 54 个项目,包括四川省工艺美术大师李清的蜀山窑陶瓷艺术博物馆和蜀山明月陶艺培训体验中心、村合作社主任邓丽的云章乡居、服装设计师宁远的远远的阳光房·草木染工房、水立方中方总设计师赵晓钧的呆住堂艺术酒店、文创设计师翩翩打造的翩翩小院、诗人阿野的晤里客栈和有朵云艺术咖啡馆、酿酒师熊英的明月樱园、西北来的三木大树的三本三舍小院、一批年轻的

新农人创办的善木小筑工作室、守望者音乐房等。新村民们带来理念、品牌、资源、资金和新的生活方式，为古朴的乡村注入了更多源头活水，促进了明月村文创和农旅产业向时尚化、生态化和艺术性、体验性发展。

2023年11月20日，明月村已开村建设发展整整8年，明月村的文化地标"明月窑"迎来了改造升级机遇，最早的文艺地标"远远的阳光房"也成为第一个租期结束的项目，第一批入驻的项目也面临着业态调整和转型，明月村项目负责人和新老村民从自身发展需求出发，开始筹建整村运营公司，成立注册了成都明月村文化旅游发展有限公司，四川省广东商会常务副会长、明月村停云座项目主理人戴燕娟担任董事长，明月村的整村运营开启了新的探索实践，明月村正式进入乡村振兴的第二个8年。

三、党建引领+公益助推，创建传承乡风文明

明月国际陶艺村成立了园区党委，下设文创党支部、明月乡村旅游专业合作社党支部、雷竹土地股份合作社党支部，强化乡村振兴中的党建引

领作用，特别是在新老村民融合发展的条件下，积极探索创新村级组织共商、共建、共治、共享新机制。园区党委按照"六新工作法"开展工作，即领办新经济、联系新村民、培育新乡贤、落实新项目、引领新风尚、推动新发展，定期把新老村民召集在一起，共同商讨园区建设、产业发展和社区治理问题。全村所有党员家门口挂牌"亮身份、亮承诺"，以实际行动引领群众共建乡风民风。村委会牵头建立村旅游专业合作社党支部，构建集体、村民、财政产业扶持各出资三分之一、财政投入的资金不分红的运营机制，不断指导推动村民围绕村里的文创农旅产业链，创新发展各具特色的生产和服务，村民收入逐年提高，党组织的凝聚力和号召力不断增加。

社会组织积极参与乡村发展和文明创建，促进了村里的治理结构和能力不断提升。通过政府购买服务与民间组织孵化相结合的办法，明月村创新建立 3+2 读书会、放牛班合唱团、明月之花歌舞团等 20 多个社会组织及社区自组织。村"两委"携手社会组织相继开展了明月夜校、明月讲堂、明月画室等公益活动，邀请全国各地的优秀学者到明月村举行讲授乡村产业发展、乡村文化、房屋改造、村民创业、农业种植、法律知识、垃圾分类及环境保护等相关课程。目前明月讲堂已成功开办400余期，明月夜校已经举办了100多期。这些社会组织在为明月村带来新的文化发展理念的同时，也用各地先进的文创力量带动本村产业升级、增值创收，促进了原生态乡土文化与外来新村民带来的现代城市文明、工业文明、科技文化和价值理念的碰撞、融合和传播，助推明月村整体文明水平的提升。村里举办了丰富多彩的特色活动，进一步提升品牌知名度。每年有春笋艺术节、中秋诗歌音乐会、大地民谣音乐会等特色大型文化活动；还常态化开办陶艺、篆刻、蓝染、书画等展览活动；打造"明月酿""明月果酒""明月陶"等文创品牌以及"明月雷竹笋丁""明月手工茶"等农创品牌，借力"互联网+"拓宽农产品销售渠道和方式，提高农民收入；孵化"音乐种子计划""明月文舍"等文化创意项目，培育明月之花歌舞队、明月古琴社、明月诗社、守望者乐队等特色文艺队伍6支200余人，创作《明月甘溪》《明月集》等原创歌曲和原创诗集，开展产业、文化方面的培训每年达1.5万人次。新老村民共同参加摩洛哥"感知中国"文化体验、韩国首尔文创展等中外品牌文化展会活动30余场。

  明月村文创项目的落地、深根、开花，赋予了传统农业和手工业更加丰富的现代文创和科技元素，大大拓展了农业及加工业的发展空间和产业链，而乡村农旅的融合发展和新村民的深度融入，又大大助推了农创文创的集聚和不断升级，让农产品附加值实现了几何级数增长，也有效推动了乡村产业发展在更高层面上的三产融合。"明月照松间，陶艺村间留；田园听牧歌，文创舞风流。"进入新时代，明月村的文创兴村之路正以全新的理念再次扬帆起航。

舍烹村："三变"改革发源地的乡村振兴之路

舍烹村敢为人先的"三变"改革探索，大大释放出乡村发展生产力，创新走出了集体经济引领共同富裕之路，成为全国农村"三变"的发源地和排头兵。2017年2月，农村"三变"写入中央1号文件，同年六盘水市成为全国农村改革试验区。笔者2021年5月2日和2024年8月29日两次慕名而至探访了舍烹村，对"三变"进行专题调研，深受启发和教益。

舍烹村，位于贵州省盘州市普古乡娘娘山下，距离六盘水市区100公里，全村487户1294人，曾经是盘州市周边"穷乡僻壤"的代表。近年来，在村党委书记陶正学的带领下，舍烹村以"变"促新，通过思想观念转变，促进村民发展思路转变，从而实现产业结构和生活方式转变。舍烹村的改革从成立合作社入手，将村民手中分散的土地流转到合作社，将村集体所有的荒山、湿地和10.68万亩自然资源量化变成合作社资产，形成集体股份，并动员农民参股，将闲散资金转化为股金，1000余名农民变成了合作社的股东。村党委用八年时间，发挥旅游资源优势，实施产业富村、商贸活村、生态立村、旅游兴村、科技强村，率先探索实践"资源变资产、资金变股金、农民变股东"的"三变模式"，激活了生产要素，盘活了农村资源，整合了发展力量，扩大了产业规模，成为全国农村改革的先锋和贵州边远山区乡村振兴的样板村。舍烹村从一个藏在大山深处贫困落后的"空壳村"一跃成为全国"三变"改革发源地，拥有了"全国小康创建最佳示范村""全国生态文化村""全国文明村镇""全国一村一品示范村""中国十大乡村振兴示范村""国家级4A级景区"等荣誉称号。如今，按照"三变"改革的制度设计，舍烹村通过务工、租金、分红三项分配，村民人均收入从2012年的4750元，提高到2022年的2.2万多元。

一、"三变"改革，变出了一片新天地

舍烹村山高谷深，村民祖祖辈辈守着黄土、靠天吃饭，是盘州市边远、贫穷、落后的少数民族村寨之一，全村土地总面积9255亩，其中林业用地面积3401亩，森林覆盖率28.98%，林业占23%，耕地占57%，水田占15%，其他占14%，产业单一、人才匮乏、经济基础薄弱、村民生活窘迫。2011年，村民人均收入不足700元。穷则变，变则通。2012年5月，舍烹村村民、企业家陶正学回到乡村，成为村庄发展带头人。外面的闯荡经历锤炼了陶正学经营管理能力，帮助他积累财富的同时，也让他有了更开阔的视野和敏锐的市场洞察力。陶正学是舍烹村首批富起来的外出创业村民，他16岁外出打工，从农民变身企业家，致富后带着上亿元资金回村发展，立志改变家乡贫困面貌。

"大山虽然阻隔我们与外界联系，但也给我们带来了良好的生态环境，我们要靠山吃山，做好山水文章，走特色农旅一体化发展新路，把家乡的绿水青山变成'金山银山'。"陶正学回村伊始，经过一番反复调研酝酿后，提出了发展村庄的初步思路，

他认为应当走专业合作社的农业发展路子，成立种植养殖农民专业合作社，以专业合作社为主体，按照风险共担、利润共享的原则，对全村农业发展进行筹划，统筹生产和经营，推动村民共同富裕。他的这一设想，经过一番思想动员，很快得到了大部分村民的响应，银湖合作社筹建工作紧锣密鼓展开，包括陶正学在内的7位原始股东以"5万元一股，共50万元的股金"开始启动项目，并承担项目贷款的银行利息。为了让村民看到发展的前景和希望，吸引更多村民参股，陶正学出资近60万元，作为发展项目的前期费用，主要用于项目策划和让村民走出大山学习，长见识、转观念、理思路。他先是把舍烹村的党员干部、有威望的老人等60多位组织起来，前往云南考察了43个现代农业基地。周边省、县乡村现代农业基地发展的强劲势头，给村民们思想观念带来较大的冲击，产生了强烈的发展愿望。然而，要建设现代农业基地，必须规模化经营，把土地从村民手里流转出来，由专业合作社集中使用。

铁了心要为村民闯出一条发展路子的陶正学，携手村党支部书记陶永

川，马不停蹄地带领合作社的原始7位股东，挨家挨户做流转土地的解释工作。陶永川回忆起当初的艰辛，感慨地说道："万事开头难。那时几乎每天一个会，经常开到晚上11点，会后还要去走访村民。有一家农户怎么说都不肯流转，担心不种庄稼饭碗不保。我天天晚上去找他拉家常，前前后后有8次，不敢谈土地流转，只说村里的发展前景和设想，最后成功流转了土地。"土地资源顺利转化为合作社资产后，合作社聘请省农科院专家编制村庄农旅产业园规划，以现代科技农业为核心，以"一年打基础，二年见规模，三年出成效，四年见效益，五年大丰收"为目标，努力打造一个集"观光、休闲、旅游"为一体的现代化生态农旅综合体。

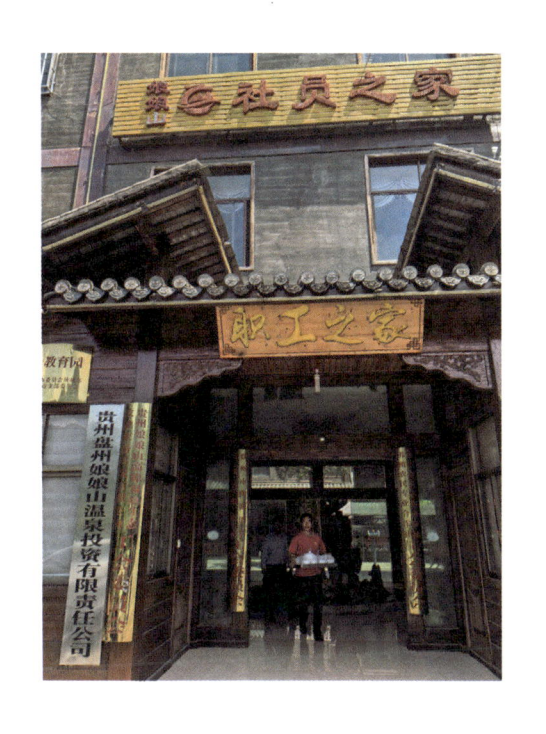

一不做二不休。2012年11月，陶正学和村"两委"经过一番调研论证后，研究决定成立娘娘山高原湿地生态农业旅游开发公司和建设娘娘山高原湿地生态农业旅游产业园，采取"公司+合作社+基地+农户"的发展模式，让农户将土地等资源及闲散资金整合到公司发展农业旅游产业园。农户可以用土地入股成为园区的股东；也可以用资金入股，对想用资金入股又缺乏资金的农户，陶正学自己出资50%、园区借50%给农户入股。园区与农户签订30年期限的土地流转协议和产品收购协议，农户可以获得入股分红、土地流转、务工收入和集体分红四种收益。当年，全村465户村民共筹集2000万元资金入股合作社，每股金额为20万元，总股份100股，其中，合作社为234户村民垫资730万元。"赚钱了就还，赔了不要你们还。"对于入股银湖农民合作社的所有股东，陶正学每股都借10万元。比如，村民陶永川出资30万元，陶正学借给他30万元共购买了3股。在合作社筹资入股中，陶正学实际出资1270万元，只占27股，其余73股由村民持有，而村民的大部分资金都由他垫付。还有58户村民用涉及建筑开发后不可恢复的105亩耕地（每亩按2万元折价共210万元）入股合作社，用于旅游接待中心建设，按股比参与分红，入股后产值提高10倍。最终，村民入股土地达1100亩、入股资金822.8万元。

"资源变资产、资金变股金、农民变股东"的"三变"改革，不仅让舍烹村村民看到了希望，还带动了周边村村民以土地流转的方式加入合作社。跨村建社是个难度较大的改革创新，组织振兴起了引领作用，在陶正学的策划推动下，周边8个村庄成立了联村共建党委，研究订立了"入社自愿、退社自由、整村发动、一户一入"的原则，确定以银湖合作社为总社，分别在舍烹村、播秋村等8个村成立村级分社，实施分级分工负责，形成"总社牵头管理、分社负责实施、农户参与生产"的生产经营格局，并积极探索出"合作社＋分社＋农户"发展模式。目前，8个合作社已覆盖农户2950户，农户入社率达95%。合作社整合土地、林地、草地等资源10.68万亩，整合财政资金、项目资金、社会资本共4.23亿元。其中将上级下拨的2252万元财政扶贫资金分批转化成村集体股，保证了村财收入的可持续增长；将扶贫助困资金量化给农户，实现8875位农民变股东，保证了村民脱贫致富目标的有效落实。在收益分配上，合作社坚持"保底分成＋效益分红"的原则，从经营收益中拿出20%保障土地股保底分成，余下的80%分成两块，其中30%用于现金股收益分红，70%作为公积金投入再生产，推动发展后劲的持续夯实和优势产业的不断壮大。

二、放大"三变"产业发展要素，打造农旅结合产业综合体

"三变"改革的核心是制度创新和动力激活，根本是发展，关键是产业。开发建设之初，娘娘山农业产业园区选准了刺梨、猕猴桃和蓝莓三大主导

产业，完成猕猴桃种植 4080 亩、刺梨 8000 亩、蓝莓 1000 多亩，同时种植红豆杉、板蓝根等中药材 7000 亩。在整体策划运作上，园区大胆实践探索，坚持"无物不股、无资不股、无事不股、无人不股、无奇不股"，广泛运用村里探索出来的"'三变'+特色农业、'三变'+乡村旅游、'三变'+特色小镇、'三变'+现代金融等模式"，将村里的闲置资源、资产、资金等生产要素都激活起来，发挥出前所未有的效能，实现资源全域利用、产业全域布局、生态全域保护、旅游全域统筹、环境全域治理，通过农文旅一体化促进村民持续稳定增收，实现共同富裕。舍烹村还在种植业价值链延伸方面进行了大胆探索实践，适时创办了农产品深加工企业，形成生产、加工、销售一体化的产业链条。在做足特色农产品产业化文章的基础上，采取林权、水域等自然资源入股方式，引入盘州市国有平台公司参与投资建设，先后打造了温泉度假、滑雪运动、低空飞行、房车露营，以及农耕文化园、百草园、百花园、现代农业科技展示园等，还在果蔬园周边布设了休闲栈道、观景平台、田园游乐等设施，拓展了农旅、文旅、研学、

休闲、养生等业态，延伸了农文旅产业链，增加了农业产业观赏性、体验性、科普性，实现了农文旅深度融合发展。

娘娘山高原湿地生态农业旅游产业园开发伊始，陶正学就反复琢磨着民间顺口溜"头顶娘娘山，脚踏六车河，谁人识得破，银子用马驮"的道理，从中他已经感悟到绿水青山就是金山银山的发展逻辑。娘娘山有"华南第一高原湿地"之称，依山傍水，银湖合作社成立之初陶正学便立即推出一项举措，娘娘山高原湿地生态农业旅游开发公司成立时注册资金1亿元，其中银湖合作社参股2000万元，占股20%。陶正学希望通过高标准、高品位开发建设，将娘娘山湿地公园打造成一张出色的生态旅游名片。2014年9月，该公司与六盘水市林业局签订娘娘山国家湿地公园管理建设投资合作协议，项目总规划面积275平方公里，涵盖盘州和水城两县（市）的6个乡镇，规划总投资50亿元，其中一期投资11.3亿元。2013年12月，六盘水娘娘山国家湿地公园被国家林业局批复开展试点建设，2018年11月顺利通过国家林业和草原局验收，湿地公园拿到了"国字"号品牌。

随着娘娘山高原湿地生态农业旅游产业园开发建设的快速推进，园区及时启动了治理结构和治理体系改革，合作社创新党组织设置，联合舍烹、新寨、播秋等 8 个村党支部，组建了娘娘山联村党委，统一管理园区内的 8 个村合作社，陶正学当选党委书记。园区还先后成立了贵州娘娘山建筑有限公司等 8 家农业、文旅企业和 12 家农业专业合作社，建设了占地 14.2 万亩的现代农业产业园区，打造了天山飞瀑、高原湿地公园、温泉度假小镇，建成了银湖广场、娘娘山广场、马场河河堤、民族风情街、银湖码头及水上游船快艇项目、旅游接待中心、滨水走廊茶室、陶源酒店、温泉小镇木屋别墅区、江源洞景点、景区直升机停机坪等 18 个景区景点，高山观景、田园观光、温泉洗浴、农耕体验等应有尽有，并以舍烹村为中心，逐步建起了"三变"商业街、"三变"陈列馆等，还实施现金奖励办法鼓励村民发展农家旅馆、农家饭店和特色种植养殖，增加园区配套服务，走出了一条农旅融合的生态之路，实现了村村有产业、寨寨有风光、家家创和谐的发展目标，2018 年 8 个村合作社生产总值达 2.92 亿元。目前，舍烹村已有一二产企业 17 家、农家饭店 30 多家、农家旅馆 12 家。全村有 40% 的村民在旅游接待中心、温泉小镇、景区接待服务站上班，有 30% 的村民在农业产业园区上班，有 20% 的村民通过开办农家乐、农家旅馆等从事第三产业。舍烹村"三变"改革取得的成效及其实践价值和历史意义，很快得到了广泛关注，中央 1 号文件给予了充分肯定，中央新闻媒体作了专题报道，贵州各级党委、政府进行了深入总结、完善和推广，使这一改革的制度更规范、操作更可行、效益更明显、影响更深远。

三、新起点、新征程，奋力搭上乡村高质量发展"早班车"

党的十九大提出乡村振兴战略，舍烹村党支部再次带领全体党员和全村干部群众，信心百倍地踏上了新征程。娘娘山高原湿地生态农业旅游产业园区瞄准了科技农业与休闲体验相结合发展目标，努力通过最新农业科技成果转化和运用，实现园区效益稳步增长，让土地入股的村民得到更多实惠。园区坚持大数据引领驱动，以高科技、智能化赋能生态、休闲、创意农业，不断拓展和丰富农文旅内涵，大力度、常态化开展智能化数据平台推介、从业人员培训、大型文创活动等，实现景区天天有果吃、月月有花看、季季有节庆、处处有风景。目前，舍烹村正在形成以生态旅游、健康养生、设施农业、电商平台、特色养殖、会务培训、餐饮住宿、民族文化开发 8 种产业为支撑，集农业和乡村旅游于一体、一、二、三产业融合发展的综合性产业，一个以短养长、以长促短、长短互补的"种养加""农工贸""产供销""吃玩乐"为一体的现代休闲旅游农业生态观光园正在不断扩容增效、转型升级，徐徐开启高质量发展新征程，真实印证了"舍烹水爬坡，银子用马驮"的传奇。

舍烹村党支部带领大家走上产业发展和全面小康快车道的同时，不忘夯实村集体经济基础。村委会将集体生态林、湿地、水面等入股到园区变为股权，每年按比例可分红 30 万元左右，其中，将村集体生态林 3817 亩入股园区，按每年每亩 10 元固定分红，每年收益近 4 万元；将村内集体水面 120 亩以承包的方式交由景区开发经营，年固定分红 2.2 万元。同时，将村集体壮大发展资金 100 万元入股到宏财公司每年固定分红 9.6 万元。村委会把这些可持续的收入用于村里的"一事一议"、环保、森林防火通道、农村清洁示范工程建设等项目上，推动了村庄基础设施和公共事业发展。同时，整合小康驻村帮扶资金参股，以实行劳务总承包的方式优先承接舍烹村区域内建筑施工、绿化管护、咨询服务。通过以上资源变资产、资金变股金的探索，舍烹村集体经济收入目前已达到 128.3 万元。

舍烹村在发展中始终坚持党建引领共同致富。联村党委围绕"一村一策、一村一社、一村一产"的发展思路，坚持村务共商、规划共谋、资源共享、产业共建、矛盾共调，形成"1+8"党建共建模式，推动全域和谐、协同发展。为了加强对产业发展的指引，合作社依托"1+8"党建共建模式，创新驻村干部运作和管理机制。联村党委统筹协调，驻村的 8 个工作队分片负责，日常工作按规定的职能严格履行、专业技术问题由联村党委牵头统一攻克、产业链拓展和公共品牌打造跨村协作、重大项目攻坚集体协同发力、园区发展资源要素科学配置整合共享。通过治理结构和治理体系的创新，实现了资源整合共享、优势互补、抱团发展，推动了乡村优势产业快速向合作社连片聚集，并逐渐辐射带动周边村寨，实现了 8 个村寨寨有风景、村村有产业、家家创新业的共富愿景。8 个村的集体经济收入由 2012 年的村村"空壳"发展到 2019 年的每村村财收入达 60 万元以上。2022 年娘娘山湿地公园接待游客突破 20 万人次，旅游收入达到 1.2 亿多元。

如今的舍烹村，山奇、水灵、谷美、石秀、物华，绿树成荫，处处是景，宛如一幅幅山水画，让笔者流连忘返。离开这美丽的深沟山村之前，笔者向陪同我们的包村干部陶永攀打听了村里的下步发展设想，他告诉我们，因经济发展遇到周期性的增长困难，一些提升项目的后续投入资金还需及时跟上，目前正在大力度招商引资。他相信，有了国家实施乡村振兴战略的大机遇，一定能够让舍烹村再次搭上发展快车，发挥娘娘山国家湿地公园"国字号"品牌的优势，依托娘娘山这个"天然凉都打卡点"金字品牌和农旅产业园打下的坚实基础，凭借"三变"改革发源地的领头雁效应，乘势而上，大力发展山地特色高效农业、山地旅游业和大健康产业，沿着乡村高质量发展的大道上阔步前行。

泰山村：村集体经济与社会资本结合的发展样板

"村在林间建，水在村间流。景在山间挂，人在画中游。"走进泰山村，人们在体验和享受令人心旷神怡的美景后，不禁留下这样的感叹，泰山村人也常常以拥有这样的和美村境而由衷地感到自豪和骄傲。沿着平坦整洁的村道驱车慢行，处处绿树成荫、生机盎然，道路两旁的农家别墅小院错落有致，村头的梯田层层叠翠，河塘碧波荡漾、如诗如画，让你仿佛进入一个画中的世界。2021年1月21日，笔者慕名来到泰山村，刚踏入村庄就有一种芳香四溢、清新爽朗的感觉。

泰山村又名太山村，史书称之为"西太山"，位于郑州市南大学城龙湖镇境内，辖9个自然村，现有人口1730余人，土地5000多亩。太山是黄帝时期的政治、军事、文化、经济中心，现保存黄帝活动遗址多处。上古之时，人文始祖轩辕黄帝在此会盟诸侯，以黄帝大臣"太山稽"之名而命名，沿用至1983年，后更名为"泰山"。

十多年前，这里还是一个土地贫瘠、水源奇缺、山路崎岖的穷山村。如今，泰山村已形成培训、旅游、养老三大支柱产业，村集体经济总资产3亿多元，村集体经济年收入超千万元，年接待游客三百万人次。村民人均年收入3万多元，全村实现基本生活供给制，90%以上的群众都住进了独门独院两层洋房。泰山村先后被评为"全国一村一品示范村""中国乡村旅游模范村""全国生态文化村""河南省先进基层党支部""河南省文明村"，同时还是河南省唯一一个国家级"魅力乡村"。泰山村以家富、

村美、民乐、人和的崭新形象，成为镶嵌在郑州西南隅的一颗璀璨明珠。

一、乔宗旺与泰山村的华丽蜕变

从前，泰山村由于地处高山深处，村域土地大多为太山特殊岩岭地质，种植庄稼难有收成，而水资源匮乏更是困扰着村民的生活，村里大部分村民以采石为生，有一定致富能力的青壮年村民都外出打工，经商办企业的"能人"都迁入市区、镇区居住。当地一直流传着这样的顺口溜："山高石头多，出门就爬坡，姑娘嫁山外，就数光棍多。"那时，全村耕地面积1870余亩，荒山荒沟1710余亩。2005年村民人均纯收入不足4000元，是新郑市仅有的几个贫困村之一。

2007年，在外经商多年的乔宗旺回村任党支部书记。党的改革开放政策，让乔宗旺在外创业致富，但作为一名共产党员，他打心里希望村里的乡亲们生活也能有所改变、越来越好。上任伊始，为消除群众疑虑，乔宗旺向百姓承诺："前期发展资金由我个人出资，在今后的发展中，赔了是我自己的，赚了是大家的。如果干不好没起色，我就把全部家产交给政府和老百姓，但有一个底线，那就是倾家荡产变成穷光蛋，也绝不让村里欠任何外债，然后卷铺盖走人。"

为了甩掉贫穷落后的"帽子"，他带领村民们寻找自身发展优势，分析研究村庄发展路径，理清了"以孝治村、文化强村、林业立村、生态富村、旅游活村、科技兴村"的发展思路，并在实践中坚定践行"发展依靠群众、生活关心群众、成果归与群众、走共同富裕之路"的理念。为了打牢泰山村发展根基，乔宗旺拿出在外打拼多年攒下的所有1000多万元资金，让村里无息、无偿使用，首先解决了村民急需的民生问题。同时，村"两委"带领村民不等不靠、多方筹资1236.7万元，启动了新村建设工程。乔宗旺与村"两委"深入调研，广泛听取村民意见，策划实施了"山体复原、山体绿化、万方蓄水池、安全饮水、三环四纵村内通道、人文景观园、村委办公楼和文化大院、企商综合楼等八大基础工程"建设。特别是山体复原和绿化工程，栽种了220亩樱桃、核桃、苹果、杏等经济林，600亩松树、大叶女贞等生态林，3180亩杨树、桐树等防护林，22万多棵树木，成活率达到90%以上，彻底改变了泰山村年年栽树不见树的历史；而建成投入使用的集灌溉、供水、养殖、娱乐等功能于一体的"天潭、日潭、月潭"三

个万方蓄水池，为泰山发展农旅融合提供了良好的条件和发展后劲；建成了 2 座污水处理厂、5000 平方米的文化广场、4 栋安居周转小区大楼和 80 套联排别墅等一批民生项目，大大改善了村民居住条件。

近年来，乔宗旺和泰山村人结合泰山曾是黄帝会盟诸侯之地，发挥黄帝文化资源丰厚的优势，凭借自然、历史、人文资源优势，积极开发特色旅游，打响泰山村特色品牌，带动乡村休闲、农事体验、文化娱乐、酒店饮食业以及农副产品生产和加工等全方位发展，形成了以多元产业为支撑的美丽乡村发展道路，实现了"村村有产业、户户有项目、人人有活干"的朝气蓬勃发展状态。乔宗旺常说，虽然创业过程很艰难，但自己是抱着一种让村民过上好生活的信仰在做事，得到了乡亲们的响应和支持，有了事业的不断往前推进，一切都是值得的。

二、创新建立村集体与社会资本共同撬动的发展模式

2015 年，泰山村以村委会为开发主体，成立了村集体开发组织，引入了国内知名文旅品牌"千稼集"项目，村集体和社会资本结合，共同打造乡村旅游综合体，通过农文旅融合发展，开辟了乡村振兴的新路子。"千稼集"项目环泰山村而建，全长 2 公里，打造"红色文化教育区、民国风情展示区、原本乡村体验区、轩辕文化街以及大型主题乐园"五大主题景区，总建筑面积约 22 万平方米。

泰山村"千稼集"以还原历史场景的方式，开发建设了黄帝会盟祠（百业拜祖）、观音禅寺、圣母庙、马五庙、二十四孝雕塑、领军人物园等景点。其整体策划理念以"中原民俗历史文化体验地"为使命，以"乡土的味道、年轮的烙印"为文化核心，布局"农耕文化演艺、民俗特色小吃、民间演艺表演、休闲游乐体验、主题情景客栈、绿色有机农场"六大产品业态。来到"千稼集"，一条长约 800 米的街道，两侧布满了各色小吃店、民俗馆，整体布置以红色文化为主，供游客体验浓郁深厚的中原民俗历史文化和乡土乡情。同时，泰山村的 9 个自然村，都有自己的文化特色，形成了"一

村一品、一村一景、一村一文化、一村一特色、一村一产业"的发展格局。

泰山村"千稼集"创新合作经营模式，通过土地流转、集中耕作、精细管理、绿化生产和数字赋能，与当地农民共同打造万亩农场，实现规模化、集约化经营，生产生态有机杂粮蔬菜。同时，在销售上实行统一配送，建立了"千稼集"物流配送中心，成立商户委员会，对中心的采购、配送进行监督，与用户建立起更直接、数字化、可追溯的安全质量管理办法，让游客和消费者饱尝纯天然农村土特产和土法加工食品，充分享受"好看、好吃、好玩、好游、好住、好购、好心情"七好快乐体验之旅。"千稼集"把这种经营模式延伸、拓展到商业经营中，创新商铺对外招商方式，实行"免租金、免装修、免流动资金、免物业费、免管理费、免营销费，为商户提供统一采购的食材，收入扣除食材的成本后双方五五分成，商户承担自己的人力、水电气成本，公司承担人力和推广费用"的运营模式，同时采取经营商户一店一品，各具特色，不断丰富市场供应。

村集体与社会资本合作还包括创新探索新型乡村养老模式，建立农村党员干部教育培训基地。2016年，泰山村与上海和佑养老集团合作，创新

"城市老人到乡村寄家养老"模式,在泰山村联手建设乡村大型康养项目,可容纳5000名老人。这一模式,受到了周边城市老人的广泛关注和欢迎,城里的老人到这里寄家养老,有了宾至如归的温馨,享受到了田园风光和绿色有机食品,还能得到乡村护工的细心照料和社区医养服务中心的健康管理保障。泰山村借助第三产业已有的发展基础和优势,建立了农村党员干部学习教育培训基地和学生社会实践基地。目前,村里拥有大、中、小会议室8个,其中最大的会议室可容纳550人、餐厅可同时容纳2000人、住宿可容纳1000人,每年承接各项培训20多万人次,成为郑州市定点的中小学校外活动教育基地、大学生社会实践基地和新郑市党员干部学习教育培训基地。

三、聚力旅游+融合发展,打造新时代"样板村"

泰山村以"党建"为引领,深刻领悟"五大振兴"的丰富内涵,准确把握新时代乡村发展的方向和路径,明确以"观光、旅游、休闲、度假、养老、培训、会议"为一体的发展目标,走出了一条"旅游+"的发展模式,聚焦聚力打造新时代乡村振兴样板。

"每到夜晚来临和周末,泰山村就变成了郑州人的'后花园',他们携老带到这里休闲游玩,品尝美味的小吃,享受田园美景。"乔宗旺介绍说,该村1个多亿的基础设施投入让村里发展旅游业有了得天独厚的优势。为增加群众致富途径,乔宗旺探索出了"旅游+"的发展模式。全村的田园种植了近1000亩小杂果供游客游玩采摘,投资6000多万元将1000亩荒沟变成了"森林公园",发展农副产品深加工产业,建有纯水厂、酒厂、豆腐坊、粉条坊、醋坊等,形成了泰山村网状经济的发展格局。

"在我们村里,人人都有一个自己的舞台,当农民、搞小作坊、开商铺……每个人都可以凭自己的双手去挣钱。"乔宗旺说。据不完全统计,全村300多家商铺,10多个旅游景点,2019年共实现产值近亿元,并提供了近2000个工作岗位,村民不出村就可以就业。目前,泰山村在培训、旅游、养老三大产业带动下，形成了20多个小产业配套发展，3亿元的集体资产，5家集体公司并行运作，实现年产值近2亿元，村民人均年收入达3万多元。

泰山村为实现持续高质量发展，在人才振兴方面，实行了"三步走"战略，即"招聘一批、发现一批、培养一批"的振兴思路。村里通过引进、培养乡村发展骨干力量，吸引外出打工的有资源、有能力、有情怀的乡贤回乡搞建设，打好"亲情牌"，宣传介绍家乡发展条件和机遇，调动他们的返乡积极性；还与科研院校开展"校地"共建活动，引进人才，培养人才；再通过"一带一"结对帮扶，培养有文化、懂技术、会经营、能致富的新型农民。目前，秦山村共有管理型人才100余人，支撑了该村5家集体公司的正常运营。在文化振兴方面，泰山村以黄帝文化为主线，引申出了廉政文化、红色文化、孝道文化、乡土文化、民俗文化等，再通过一系列精神文明建设的举措，如每年举行的"十佳好婆婆、好媳妇、好家庭"和"十大创业好青年"评选，以及每年举行的"爱村日"活动，积极引导村民爱村爱家、艰苦奋斗、发家致富。在生态振兴方面，泰山村按"五化"即村庄建设园林化、村庄道路林荫化、家庭小院花园化、百姓田地林果化和荒山荒沟森林化的发展思路实现落地见效。

如今的泰山村，一个古色古香与现代时尚感交融共生的美丽画卷正徐徐展开，一个农、文、旅等产业融合发展的综合体以生机勃勃的发展势头，

向世人展示乡村振兴的泰山村实践样板。新时代、新起点、新征程，泰山村将继续秉承"旅游+"发展模式，阔步进军"养老产业"，以旅游、培训、养老三大产业为支柱，推进多产业融合发展，走出一条可持续、高质量发展的乡村振兴之路。

乌村：体验式精品农庄的中国样本

乌村是典型的江南小村，灵巧而自然，占地总面积450亩，原有60多户人家，300多名村民。村庄位于乌镇西栅历史街区北侧500米，是紧依京杭大运河而立的历史古村落，阡陌交通，鸡犬相闻，来到这里，仿佛走进了童画般的梦幻，随处呈现田园风光。灵动的水是乌村的根脉和魂魄，融集了运河文化的精髓，整个村落沿河而建，村里人家依水而居、择水而栖，和美生活的喜悦洒满了田间地头、融进了湖光水色。乌村至今留有运河闸口的遗址，丰富的农耕产品和广袤的田野，让它释放出无限的生机和活力，其农耕文化和民俗文化更是运河文化的典范和结晶。2018年5月，笔者来乌镇时到过乌村，走马观花在小村庄里绕了一圈，很是流连忘返。2024年9月5日再次来时，便下决心住下来，认真细致地品味了这个田园农庄的独特魅力。

乌村原本为乌镇虹桥村虹越自然村，通过新修建的望乌路，直达乌镇西栅景区。在西栅景区每个宣传栏的醒目位置都写着"乌村，乌镇的村子，亲子的乐园"。这样的出身地，让乌村有着无与伦比的基因优势，代表了中国最高水准乡村旅游开发的得天独厚条件。作为乌镇旅游发展衍生出的新的引爆点，乌村处于苏沪杭旅游黄金圈的核心地带，周边拥有最优质的旅游目的地、最具特色的江南水乡风景名胜和深受游客青睐的5A级景区。乌镇作为誉满全球的历史文化名镇，其游客爆棚的集聚效应，给乌村带来了巨大的辐射带动，每年800多万的游客流量，只要十分之一光顾乌村，就可以撑起乌村旅游业的新天地。开发之初，与乌村一路之隔的世界互联网小镇正在加快推进建设，以服务世界互联网大会乌镇峰会、推动互联网智能化应用为重点，这里的世界互联网大会永久会场、互联网之光博览会、吴越文化创意园、世界互联网科技馆、互联网创客空间等一批互联网项目，正在拔地而起。如此得天独厚的天时地利人和优势，让乌村项目启动伊始，就瞄准了打造代表中国最高水准的乡村旅游精品。

乌村的布局开发，强调在对乡村原有风貌进行系统保护的基础上，建设一个乡土中国的现代理想隐居地，营造一个具有典型江南水乡农耕文化传统生活氛围、适应新消费浪潮的休闲度假"乌托邦"。围绕江南农耕文化的特点，依托风景秀丽的乡村水系，精心规划打造错落有致、精致简洁的休闲度假景观和细部构件，导入酒店、餐饮、娱乐、休闲、亲子、研学、农耕活动等配套服务设施。乌村定位为高端乡村旅游度假区，与西栅历史街区联袂互补，借鉴了"法国地中海俱乐部"的"一价全包"国际度假理念，

打造体验式精品农庄。

一、全域旅游战略催生乌村紧随乌镇迅速崛起

2016年，在乌镇旅游业快速发展和国家大力推进"美丽中国"建设的大背景下，乌镇迅速规划确定了"1个大乌镇带动16个小乌镇"的全域旅游战略，借助乌镇响亮旅游品牌声誉，依托虹桥村优越的地理位置及独特的生态优势，快速启动了乌村旅游开发项目。在以乌镇旅游股份有限公司总裁陈向宏为首的专业团队的创意、规划、设计和管理下，乌村项目应运而生。项目策划立足乌镇全域旅游系统功能布局，以田园风光为主题，以休闲度假村落为特色，打造高端休闲度假目的地和创意旅游体验试验田。项目由乌镇旅游区管委会和乌镇旅游股份有限公司共同投资3亿元，用地总面积450亩，征用改造了原有建筑面积1600平方米的老房屋，在这基础上，新增房屋建筑1800平方米，建造中尽可能保留了江南原有的农村风情主题元素，保护了原有古民居的独特风格，形成个性各异、错落有致的江南水乡古村风貌，与乌镇东西栅景区各有千秋、相得益彰，成为古村落活化的样板，也是中式庄园的经典之作。按照桐乡市委、市政府的发展规划，

桐乡将致力于打造中国最大的庄园群落，用5年时间倾力打造100个标准规范的、有品质的大中小庄园，形成中国最大的庄园旅游区，成为中国庄园之乡。

乌村选择了与乌镇旅游产品差异化发展定位，充分发挥协同作用，保留传统乡村风貌，强调对土地、植被、民居等乡村风貌的保护，并结合现代化技术在功能和结构改造中融入科技元素，外"土"内"潮"，怀旧又不失潮流感，从而凸显自己的价值。开发理念上，采用点线面结合手法，首先打造"点"状空间，如蔬菜和花卉种植景观化、农家庭院布置创意化等，达到家家种花、人人造景、满园春色；其次打造乡村街巷的"线"型空间，让逛街的游客移步即景、眺眼是画、漫游如诗；最后打造"面"上空间，营造出走家串户的邻里格局和乡村大家庭的和谐氛围，让古镇、古街、古村之间既各具功能特色，又融合互补、道法自然。

江南水乡得天独厚的密布水系支撑着乌村的骨架和灵魂。在这里，流淌千年的京杭大运河环绕村庄，形成望津湾和乌村湾，源头活水让古村落呈现出一道清澈明亮、倒影如画、静谧宁静的秀丽景色。水路交通串联了西栅与乌村两个景区，渡船既是水乡独特的交通工具，更是观赏美景的流动平台，让游客在乌村的度假体验有了独特的感受。田园环绕、水网交织，一片片田野弥漫着一种气定神闲的"乡愁"气息。乌村的规划有其很深的立意，规划团队遵循以水为脉、顺水而为的理念，以天然水体、生态水系为脉络，科学布局景区和景点的空间结构和功能体系，形成内在的动感、生机和活力。

按照江南古村落的独特风格和生态环境条件，乌村旅游开发建设了首批项目，包括精品农产品种植加工区、农事活动体验区、知青文化区等。项目在保留了原有老房屋的基础上，加入了现代化科技文化内涵，赋予人工智能和数字化元素，让休闲度假生活凸显自然朴素的同时，又增添了现代气息。它让出生于70年代的人怀旧，出生于八九十年代的人回味童年，也让当下的孩子回归田野，放逐天性。好多老乌村人为了留住这一份"乡愁",留下来成了景区的工作人员。

二、新旧结合、动静相宜的板块化和组团式布局

从规划功能布局上看,乌村旅游项目的空间安排分为住宿和体验两个板块,动静结合,各得其所。住宿板块又分为两片,一片是由景区内原有保留下来的独具特色和个性的民宿构成,该板块营造工艺采取"修旧补旧"方法,以再现古村落历史风貌;另一片是当初开发乌村景区、建设互联网小镇征用搬迁户的集中安置区,这片小区与乌村景区一路之隔,紧挨互联网小镇迎宾大道,目前已开发为民居+业态,既建设了民宅小洋楼,也发展了民宿和各种文创工作室。而休闲娱乐体验板块,则大胆创新实践,建筑风格以"现代创意+"为主,既体现"晴耕雨读、田园诗画"之韵味,又彰显现代科技和现代文明,最具代表性和独特风格的应是乌村稻舍乡村酒店。两大板块内部功能构件又有更细的组团布局:住宿板块根据水系脉络、地块特征、建筑风格、周边景观、文化元素符号等因素,布局建设了桃园、竹屋、渔家、米仓、磨坊、酒窖、知青年代等七大主题组团,以独立的乡村院落为单元,三五户或者七八户农家合起来成为一个组团,保留着旧时村庄里的格调。休闲体验板块迎合游客新消费需求,布局建设了美食中心、青墩、乌墩、采摘区、烧烤野炊区、小动物乐园等多个功能体验区。七大主题组团定位均来源于以前生产小队的生活场景,有着极其丰富的内涵,比如渔家,就是以当地渔业生产小队的生活元素为主题打造的,民宿中摆放着鱼钩、鱼篓、渔网等渔民生产用具,犹如一家渔业袖珍博物馆。再拿磨坊来说,这里除了住宿,还可以在饿的时候点上一份豆浆、豆花,可以亲手推动磨盘,感受劳作的趣味,而米仓里有整个村子最好吃的煲仔饭。乌村是回得去的乡愁,村里民房院落的位置和外观原貌基本不变,这些民房大都建于20世纪八九十年代,虽然经过了改造,但外立面基本保留了原样,灰黄的墙面,乌黑的瓦片,一楼一底、前场后竹,其淳朴感、情调感和浪漫感油然而生,自然而舒适。

从项目营造格调上看，休闲体验板块与住宿板块又有自己的个性和特色。休闲体验板块从建筑和景观设计到整体环境营造，都力求低调、精致、自然、融合。游客活动中心的海草屋顶、民谣课堂（俱乐部）的造型和结构、游船码头的木质长廊和青墩乌墩的人工台地等，无不充分体现这一创意和设计理念。乌村的最重要特色，就是水路成了功能组团的风景线和分隔线，这个分隔实现了景区不同功能的动静分离，也让多元化休闲体验的活动主题更为分明和集中。在这里，无论是改为住宿的民房，新修建的创意小构件，村头的池塘、田埂、农地，还是村民精心打造的房前屋后小庭院、花园、菜地，以及略加整治的藕塘、垂钓池、河道、田间小路、休闲步道等，都保留着那种最具江南水乡特色的自然景观。正是这些随处可见的乡野田园意境，勾起了多少游客内心魂牵梦绕的乡愁，搭建了景区与游客之间沟通桥梁，大大增加了景区的吸引力和亲切感。

而住宿板块则追求的是一种"小而美"的典雅、淳朴、生态。整个项目建设不求房屋整齐，不求屋舍崭新，而是最大程度地保留农村原貌；这里讲究的不是规模，而是惬意的生活空间，民宿修建始终着力院落小景观和室内设计，房前屋后的绿色庭院都有自己的个性和风格，充分照顾到了与房子的形态和周边环境的和谐。许多人向往淳朴的农村生活，砍柴、耕作、煮饭，但又担心居住环境简陋，怕蚊虫、怕冬冷夏热、怕卫生不达标。然而，乌村的民宿修建理念和实施方案，恰好平衡了这两种需求。

整体上说，乌村景区延续了乌镇打造高端旅游目的地的理念和导向，并结合村庄自然和历史文化资源优势，进行了创意布局、创新再造，精心打造出独具特色、深受游客欢迎的乡村旅居体验地。有人形象地说，"东栅卖的是生活着的古镇，西栅卖的是古镇的生活方式，而乌村卖的则是一种乡愁的情怀，一种原汁原味的江南村落生活图景。"

三、打造原生态、体验式精品农庄

乌村开发建设中十分注重营造悠然自得的田园景观，呈现传统农耕文化场景，复活古村落民俗和民间工艺，让游客留住如诗如梦的无限乡愁。乌村项目立足于打造集生态饮食、田园乡村情趣、互动体验于一体的小批量、个性化、定制化、多元化的服务。来到乌村，途经之处尽是小菜园、小庭院、小池塘，水田悠悠、鸟儿撒娇，随处可见三三两两老农正卷起裤腿在田里除草。这种刀耕火种的农作方式，来到乌村的游客可随时参与，直接下地现场体验。乌村餐厅经理小邓介绍：乌村的管理者叫"村长"，而游客则是乌村的流动村民，他们可以像真正的农人一样下地采菱角、捉虾、捕鱼……当然角色扮演所体验的是田园最诗意的一面，而真正的农活还是本地人的强项。乌村体验式旅游项目，在功能引导方面拥有民俗文化创意、民俗体验、手工艺制作、历史展示以及田野游憩等；而在建设引导方面，植入创客公寓、小型特色博物馆、小型酒店、有机农业园等，延续原有村庄肌理适度增长。

乌村的前台称为"村委会"，这里同时也是大堂、展厅和接待处，承担游客中心的服务功能。在"村委会"，刚到达的游客会收到活动日程表，可以根据日程表参与自己喜欢的活动，凭身份证办理人脸识别，同时还能得到一个手环，手环是住宿客人的凭证，也是游遍乌村的凭证，而用餐、娱乐等服务都可以"刷脸"进场。完成办理入住后，算是正式开始了村民生活。你可以尝试自己编织一个渔网，也可以把裤子挽到膝盖踩着泥巴到水塘里捞鱼，还可以随处去耕种、扎稻草人、烧野火饭、看小猪赛跑、给牛羊喂食，不管你是少小离家老大归，还是从小就在城市里长大，都可以实实在在体验一把地道的江南乡下人的感觉。这些乡下人生活中的再平常不过的农事，却给城里人带来了无限乐趣，更承载着众多少小离乡游子们的无尽乡愁。

有人断言，这里，给你留下印象最深的一定是原乡、原野、原味"三原本色"。乌村人是这样解释他的"三原本色"的："原乡：这里的一草、一木、一水、一石的都没有人工雕琢的痕迹，遵循村庄的肌理和自然生态，最普通的乡间小路、池塘、菜地、篱笆，就是最鲜活生动的场景。原野：乌村里面有很多田地，种了各式作物，有秋葵、南瓜、茄子等这些餐桌上常见的食材，带小朋友认一下各种作物，也是一堂生动的自然课；在村边的水塘里，种了菱角和藕，养了鱼和虾，父辈记忆里挽裤脚摸藕采菱的画面仿佛就在眼前。原味：乌村特定的美食，可以让游客尝到真正的乡村味，有米仓的腊味煲仔饭、砂锅生滚粥、酱油炒饭、荷叶排骨蒸饭，桃园的桃胶鸡头米、番薯甜汤、桂花红芋艿、南瓜露、红豆糊、八宝汤，村头茶室的肉粽、红豆粽、番薯、芋头，还有乌村的年糕等等。"①在乌村的餐桌上，有"当餐到达，当餐使用"的"一小时蔬菜，还有麦田餐厅提供的德式风味的纯正西餐，以及各式各样的江南甜品。

乌村的民俗文化体验更是丰富多彩。来到乌村，带上"村民"手环，就成为村里的一员，可以参与村里的 30 多种农家活动，田埂放风筝、藤草编织、绘农民画、折纸；还可以到知青文化区舞一段腰鼓，到村头茶馆

---

① 引自公众号《复古文旅》2018 年 09 月 05 日。

长条凳围坐品茶；还可以免门票直通乌镇的所有景点，并享受西栅景区的交通和各种保障服务。乌村还原了农村走家串户的习俗，让游客有亲切感和归属感，除了传统体验项目，也有乐高墙、淘气堡、攀岩、电玩小天地、生存探索等时尚休闲度假项目，传统与现代的生活随时切换。

四、创新独特的CCO服务和"一价全包"模式

乌村里有一个非常特殊的角色叫"CCO"，也称"首席礼宾官"。CCO的角色在不同岗位有不同的职责，有的像村长助理，专门负责为游客提供温馨体贴的综合服务，集景区导游、活动指导、体验参与等服务于一身，保障游客旅游活动安全、舒适、健康。乌村各个娱乐活动点均有CCO，这种岗位的CCO像景点导游，他们会与游客一起互动游戏，引导游客参与度假村的主题活动。而不同主题住宿区域的CCO，则随时为游客解决任何问题，也是家长们的"大救星"。因此，游客自进入乌村后，

不需要绞尽脑汁查询游玩攻略，也不用考虑挑选餐厅、酒店、娱乐活动，村内定制化的解决方案可以让游客随时随地放松地玩耍。CCO 认真照料你的一切村中生活，跟着村里的 CCO 你可以到农田里采摘蔬菜，送到厨房，或是自己在户外生火、烧水、煮饭，来一次野外生存的体验。

乌村的"一价全包"套餐式体验，打造了乌镇旅游新业态，也颠覆了中国乡村游的传统运营模式，这种模式集吃、住、行、游、购、娱活动于一体，还有多种类型"套餐"供游客选择。特别是在学生寒暑假、节假日时，乌村总能结合各种主题，策划推出各种丰富多彩的旅游活动。而在旅游淡季和当下经济周期性消费不振的情况下，乌村也正在思考和策划推出淡季新业态，为淡季添火升温，让游客找到性价比更高的玩法和去处。

如今的乌村，又美出新境界，更有了发展新高度。充满诗意的田园风光，如同一幅幅山水画卷，山水灵动、春意盎然，随处一站，都能成一道亮丽的风景。这里，你可以找一间属于自己的小院，在门前屋后弄一小片菜地，晴耕、雨读、自耕自食，回归生活本真，享受大自然对人类的馈赠。春种、夏长、秋收、冬藏，四季皆是爱的衬景。如果你觉得城里太过拥堵，那么你就到乌村住上几天，体验田园风光和乡村习俗；如果你觉得乌镇太过喧闹，那么你就移步到乌村静静，体验隐于乡野的惬意；如果你觉得想找几个许未见的好友聚聚，那么你就前往乌村，田园漫步、河边闲聊，晚上再找个小酒吧喝上几杯，所有的纠结和烦恼都会烟消云散，一切回忆和憧憬都是满满的幸福和美好。

竹泉村：社会资本撬动乡村资源活化的创新实践

竹泉村，一个曾经贫穷落后的齐鲁小山村，经过十多年的开拓创新、砥砺奋进，创造了乡村振兴的"竹泉模式"，先后获得"中国十大最美乡村""中国休闲农业与乡村旅游示范点""国家4A级旅游景区""中国人居环境范例奖""中国休闲乡村创新奖""中国乡村旅游模范村"等荣誉，成为山东省乃至全国乡村旅游企业的标杆。竹泉村的成功，不仅因其独特的山水资源，更源于以韩建军为操盘手的开发建设团队的发展理念、开发思路、运作模式和经营策略的创新。2024年9月12日一大早，笔者来到被称作齐鲁"逍遥游示范点"的古村落，探访、揭秘这个位于诸葛亮故乡的乡村景区建设、发展的美丽故事。

关于竹泉村村名的由来，据村民介绍，有这样一个传说。竹泉村在元明时期叫作泉上庄，清朝乾隆年间始改名竹泉村。自元明以来，村民傍泉而居，砌石为房，男耕女织，安居乐业。相传乾隆十六年四月，乾隆皇帝第一次下江南，路过沂州府也就是今天的临沂市。沂州知府深知皇上喜欢游历山水，更喜爱品茶论水，就收集了沂州境内名泉之水沏茶。当皇帝品到泉上庄的泉水时大加赞赏，在细细询问产地后，便微服来到泉上庄。他眼见翠竹掩映、茅舍清清、竹因泉生、泉随竹转、清风荫翳中翠鸟嬉笑续断的怡和景象，不由被这里的翠竹醴泉所陶醉，也被这里百姓的安逸生活所打动。于是他对村民说："泉名'龙泉'太俗气，村名'泉上庄'太土气。翠竹成林，清泉若轮，泉名莫若'竹泉'二字有味，村名还是'竹泉村'

最雅。"说罢索笔墨纸砚挥毫题下"竹泉"二字，略加思索又口吟一联："花竹有和气，风泉无俗情。"后来泉上庄的老百姓知道是皇帝赐名，就万分恭敬地将题字刻碑立在了泉边，村名遂改为"竹泉村"。

一、资本来到小山村，韩建军及其团队开启了竹泉村的圆梦征程

竹泉村位于山东省临沂市沂南县北部，开发前的竹泉老村，是一个古老的山村，距县城 12 公里，距离临沂市区约 65 公里，村庄占地面积 1800 亩，人口不足 500 人，村民人均年收入不足 3800 元，是一个典型的沂蒙小山村。虽然景色宜人，但却总走不出贫穷的怪圈。村民依山散居，村内房屋古老破旧，居住条件极差。村内道路狭窄曲折，没有一条硬化路面，山间虽有泉水，但村民都要到远处去挑水吃。村里的排水沟多半是被堵塞的，环境脏乱差，每到雨季村里道路都会泥泞不堪，"晴天一身土，雨天两脚泥"

是当时的真实写照。村民们早有迁建新村的意愿，但因村集体经济薄弱长期未能实施。不过村落虽然古老破旧，基础条件薄弱，但自然和人文资源却极为丰富。竹泉古村历史悠久，至少可以追溯到四百多年前，具有深厚的人文底蕴。竹泉村背靠玉皇山，中有石龙山，左靠凤凰岭，右有香山河，西北邻寨子，前是千顷田，拥有竹泉古村落、红石寨、桃花峪溶洞和原始森林等自然景观，自然山水格局神奇而优美，是中国传统意义上的风水宝地。村庄中泉依山出，竹因泉生，村民砌石为房，世代绕泉而居。在这里，竹是村的灵魂，泉则是村的生命，是中国北方难得一见的桃花源式的古村落，至今仍保留和传承着沂蒙山乡特色民俗文化。

进入新世纪，全国的旅游开发掀起了热潮，竹泉村迎来了千载难逢的机遇。2007年，沂南县决定利用这片竹林和泉水发展旅游业，基于竹泉村优越的自然环境和深厚的历史底蕴，有众多开发商想参与开发，但县政府坚持走高端高效综合开发的路子，反复比选后，找到了山东精品旅游促进会乡村旅游专业委员会主任、青岛龙腾集团董事长韩建军。经过一番考察，龙腾集团确定独资开发竹泉村，并注册成立了龙腾竹泉旅游发展集团有限公司，投资1.56亿元，一期规划控制面积1000亩，设计开发面积800亩，

致力打造一处以生态观光、休闲度假、商务会议为核心，集观光、休闲、住宿、餐饮、会议、度假、娱乐、拓展于一体的综合性旅游景区。

韩建军认为，"一个景区要想有生命力，要想形成品牌，要想具有核心的竞争力，那必须要有自己鲜明的个性特点。"作为山东最早进行系统开发的古村落景区，韩建军团队通过深入挖掘竹泉村自身优势，提出了"以沂蒙古村生态和民俗文化为基础，以'竹林''泉水''古村落'为突出特色，致力于打造出具有显著沂蒙特色、泉乡个性、竹乡景观、农家风情，融观光、度假、休闲等功能于一体的北方综合性旅游目的地"的开发思路。景区开发之初，就坚持规划先行，县乡政府与青岛龙腾集团达成共识、形成协议，制定了对景区北部的桃花峪溶洞、香山湖进行综合性开发，保证该区域内独特的资源能够充分发掘和利用。将生态保护和地方历史文化内涵的发掘作为规划的重点，坚持在传承中发扬、在保护中开发，打造新旧两个竹泉村，将旅游景区的开发与新农村建设结合起来，依托"翠竹、清泉、古村"独特生态资源优势，逐步建成"中高档度假居住地、商务旅游目的地、生态古村落和农业观光体验地"。

开发伊始，韩建军一眼就看中了竹泉村的竹林、泉水和古村落，并以此为主题进行全面的开发认证，邀请了相关专家进行了全面的规划。首先对老村原生态的竹林、古泉、古建筑、古树木等，全部予以最大限度的保留，在这个基础上进行保护性开发。同时，将原来脏乱差、到处流的竹泉水系进行全面规划、统一修复，形成"游客随水走、水随游客流"的局面。加强了对控制区内地下水的管理，严禁无序开采，并加大了控制区内造林绿化，实现了景区景观的提升。同时，加大了对于竹林的整体规划，景区成立之后设立专门部门和人员对竹林进行打理，如今竹泉村的竹林已经成为景区的招牌之一，让游客一年四季流连忘返。同时，在竹泉村景区的开发过程中，始终把游客体验、互动放在优先考虑的位置，这让竹泉村不仅能看，而且能参与、能融入，得到了游客们的认同。景区特别注重对当地文化资源的挖掘，每一所老房子都让它活化灵动起来，再现原汁原味的农耕文化价值，像编竹筐、纳鞋垫、做黑陶等，原生态乡土老手艺，村里都给村民提供展示的场地。这既让游客享受了更多的体验，也增加了景区的文化内涵。在竹泉村的开发运作中，始终把"和谐"理念贯穿其中，将原有的古村落变为"一古一新"两个竹泉村，古村保留原有风貌，彰显古朴厚重、幽静秀美的乡土自然景色，开展休闲观光、旅游度假；新村按照美丽乡村的标准建设安置村民，体现时尚精致、绿色生态的理念，村民们尽其专长，围绕古村落旅游服务发展相关业态。"两村"和谐发展，新老村民安居乐业。如今，这个"明月竹间照、泉水门前流、竹林隐农舍、居处若瀛洲"的崭新古村落，成为世人向往的"世外桃源"。

营销模式创新也是乡村振兴"竹泉模式"的一个突出特色。韩建军团队十分注重丰富提升经营生态，加强营销推广，让投资运营商和当地村民能从中获得经营性收入。每年多次与媒体联合举行摄影比赛、直播活动，接待各类媒体研讨会、学习班、拓展班等体验式访问的活动，把媒体人请进来，深度体验乡村生活，再把景区的美景和信息传出去，以吸引更多的游人。竹泉村在经营中注重通过传承历史文化、活化当地乡土民俗，展示民间传统手工艺，丰富和创造新的业态，如挖掘了当地沂蒙摊煎饼、编竹筐、纺线织布、黑陶等民俗和民间制作工艺，打文化牌唱生态戏。在不断完善景区建设的同时，韩建军团队十分重视市场拓宽，如全力鼓励文艺、文学作品做隐性宣传；注重与旅行社合作开辟专线、与自驾游组织合作开展专题活动、与研学机构合作拓展户外活动等，打造特色品牌，广泛培育重点客源；通过网络和新媒体营销，建立竹泉村·红石寨景区企业网站和微信公众号，加强与在线运营商合作，扩大乡村品牌的知名度和影响力。2009年7月12日，经过打造后的竹泉村正式开业。依靠古村落景区独有的魅力，精准的营销策略，以及高效的宣传推介，竹泉村开业伊始就出现客流井喷现象，当年接待游客突破10万人次。竹泉村自开业以来，客流量一直保持高速增长，目前年接待游客150万人次。韩建军作为竹泉村乡村旅游的带头人，随后探索出全域旅游的"政府主导、文旅融合、统筹城乡、全域发展"的乡村振兴"沂南模式"，带动起红石寨、红嫂影视基地、智圣汤泉、马泉休闲农业示范园等一批 4A 级旅游项目的快速发展，为全域旅游的发展起到了关键性作用，并作出了突出贡献。

二、竹泉相依共生、大自然古村落融为一体的独特文旅魅力

"三面青山静，百脉香溪淙。竹林隐茅舍，碧泉出日影。耄耋弄机杼，垂髫诵书声。紫燕口信传，黄牛云里耕。"这是一位诗人对竹泉古村落梦境般美景真实写照。说起竹泉村的成功秘诀，韩建军表示，新景区的打造，品牌塑造不可或缺。在品牌建设中，韩建军团队既遵循自然规律、坚持保护优先，又进行了大胆开拓创新，开发了一系列具有文旅品牌价值的产品。"竹泉"是竹泉村景区的看家景点。"竹泉"依山而出，泉水哗哗涌出地面，清澈、纯净、透明、甘甜，并形成了大片的水域。"竹泉"旁边是一个十二生肖喷水池，四周竹林浓密青翠。"磨盘路"是用一个个磨盘铺设而成的竹间道路，也是竹泉村风景区的观光走廊，位于"竹泉"南侧，泉

溪从"磨盘路"旁边潺潺流过，漫步在"磨盘路"上，别有一番滋味在心头。"丽水街"是一条以经营土特产为主的商业街，这里聚集了竹泉村历史传承下来的纯手工制作的各类特色面食，都是沂蒙山区民间传统家常主食，也是久负盛名的地方土特产，有着四百多年的古老历史。经过一番打造的丽水街，两边店铺林立，作坊内石磨煎饼、芝麻火烧香味扑鼻。"秀水街"是竹泉村主要景点之一，这里翠竹青青，挺拔茂盛，郁郁葱葱。泉溪潺潺，流淌在"秀水街"中央石砌路面。"清泉石上流"，不再是江南水乡的代名词，而是这里的现实场景。"秀水街"两侧是苍翠欲滴的翠竹和夹杂在竹林间的农舍石屋。清清泉溪、挺拔翠竹、石砌茅舍相互衬托，形成了一幅蕴含古代风情，绚丽多彩的奇妙画卷！竹泉村旅游景区设有"采摘园""水上乐园"等户外活动项目。游客可以到"采摘园"自主选择你所喜欢的瓜果，可以到"水上乐园"亲身体验漂流所带给你的震撼。竹泉村还设立了"梅缘"，其中有餐饮、住宿、会务等项目，为游客休闲娱乐，旅游度假提供了优越条件。在竹泉村，古老民间艺术，如剪纸、编织等，都得到了很好的传承。此外，竹泉村还有动物园，内有鸟类表演和动物表演等节目，丰富了游客假日生活。

竹泉村旅游度假区，包括竹泉村景区、红石寨景区、桃花峪溶洞景区和原始森林景区等。在竹泉村景区推进开发的同时，龙腾集团又投入3亿元开发红石寨景区，其中一期投资1.2亿元，规划面积3050亩（包括水面1350亩）。红石寨景区打造过程中，坚持以沂南县寨子水库和竹泉村为依托，以山水脉络为纽带，巧妙实现了有机结合、相互补充、相映生辉。目前已打造成一处集山水生态、历史文化、山地民居、乡土风情于一体，具有山水观光、文化体验、汽车露营、商务休闲等功能的综合性旅游景区。近两年，随着竹泉红石寨景区的成功运营，桃花峪溶洞景区、三山沟原始森林景区也在加快推进建设中。2014年，竹泉村被评为"CCTV中国十大最美乡村"。2015年8月，在国家旅游局黄山会议上，竹泉村被列入第一批"中国乡村旅游模范村正式授牌"。2018年山东省成立精品旅游促进会，韩建军被聘

为乡村旅游专业委员会主任委员。走进竹泉村，宛如把你带进了江南水乡，仿佛穿越了时空，进入了一个梦幻般的殿堂。泉溪和翠竹几乎布满了村庄的每个角落，尤其是在炎炎夏日里，使人备感凉爽舒适。

三、竹泉村风景区的成功开发运营，让村民有了满满的幸福感

竹泉村风景区在开发过程实行"留下古村落历史文化遗产、村民整体搬迁"的做法，这在当时是乡村旅游开发模式的一个创新。开发之初，韩建军就十分重视新村的布局和品质，按照高标准的规划设计，对生活用电、自来水、路灯架设、路面硬化、水冲厕所、沼气等设施进行了配套建设，并栽植绿化树木，形成了规划整齐、环境整洁、配套完善的生态宜居村落。开发中统筹新古两村的协调和谐，不仅保持了古村原有村落形态的完整性，保留了原有村落建筑的古朴性，使村落文化得以延续，民俗文化更加丰富；同时对新村人居环境营造加大了投入，村内的水生态得到修复，水环境大

为改善，村民的居住环境更加优美舒适。景区开发商为村民建设了四间正房、两间偏房、独立院落的新型农村住房87户，水电厕通信等配套设施一应俱全。优美的居住环境，使村民文明程度得到了极大提高。游客的增多带来了更多的外部信息，培养了村民接受新生事物的理念。随着景区的运营和游客的增多，农家零星而普通的农副产品升级成为特色商品，不仅增强了村民的商品意识，更增强了村民根据社会需求生产商品的意识。

景区促进了当地经济发展，带动了农村剩余劳动力的就业和创业。据初步统计，竹泉村及周边地区共有500多人在景区里从事建筑、绿化、保洁、保安、景点服务等工作；100余名大、中专学生在景区里做起了售票、会计、导游、餐饮服务等工作。景区建设期间培养出多名建筑小老板，景区开业后有10名70多岁的老人被景区聘用从事编竹筐、纳鞋垫、织粗布等手工艺展示，有50多名农村音乐、舞蹈、管弦爱好者被景区聘为庄户戏台演出队成员。竹泉村人均年收入由2007年的3000元增长到2021年的3万余

元。景区的发展还带动了周边地区特别是竹泉新村的第三产业。到目前为止，在景区内外共有特色旅游产品个体经营户 300 余户，70 余家颇具规模的农家乐饭店，从业人员达到近 1000 人，人均年收入近 7 万元；传统手工美食作坊几十家，年可增加收入数万元。景区与村民相互依托，和谐共生，形成旅游产业新业态。景区运营商按照相关规定，保障了村民合法的土地流转收入，让村民参与景区各项工作和旅游服务工作，在新社区帮助村民开办农家乐、商店、民宿等旅游服务业态，聘请年老但又有一定技能的村民在景区现场展示传统的手工制作等，通过这些带动附近村民增收致富，融入了全面小康的生活，村民的幸福指数大大提升。

四、竹泉村振兴样板，重在保护、贵在创新

竹泉村振兴样板的路径及意义在于，高水准编制古村落保护开发规划，在充分挖掘和保护古村落民居、古树名木和民俗文化等的基础上，将古村

落文化底蕴转变为具备生活体验内容的文明传承行动；深入挖掘沂蒙传统农耕文化、护山治水文化、人居环境文化中的生态思想，打造成为农村生态文明的教育基地；充分利用村庄世外桃源般的美景，开发具有沂蒙特色的乡村休闲旅游业，不断提升自然休闲内涵，引导传统农耕逐步向农业观光、农事体验、农居度假等附加值高的乡村旅游发展，打造村庄旅游特色品牌；注重发挥景区的社会经济效益，充分利用各类营销宣传渠道，深入推进标准化创建，发挥示范带动作用，为当地村民开拓新的收入增长点，助推地方经济发展。

1. **坚持政府指导、市场运作与村民自主有机结合的整体运作模式**。龙腾集团作为竹泉村投资运营主体，在开发、经营和管理上均采取市场化运作。县、镇两级政府分别成立旅游开发建设指挥部，选派专人驻点服务，出台大力度扶持政策，协调处理各方利益关系，及时解决发展制约因素。同时，在村民整体搬迁、安置方式的选择上，给予广泛自主权；在农家乐、零售业、餐饮业、体验店、观光农业等诸多项目上，以各种鼓励政策，多

渠道创造环境吸引村民广泛参与,让政府、企业和村民各就其位,各得其所。

2. 坚持规划先行,统筹布局古村落和新村的开发建设、运营及生产、生活和生态。 秉承"保护性开发"的原则,将生态保护和地方历史文化内涵的发掘作为规划的优先选项,以文化保护和传承为主轴,实施"一古一新"开发策略,构建新旧两个竹泉村科学布局,充分发挥自然环境、民居院落、社会风尚、生活方式、民俗传统、宗教信仰等地方文化的传承意义,让自然景观和历史文化相互映衬,功能互为补充。同时,利用竹林、泉水、古村落的资源优势,将保留原有风貌的古村落,打造成为旅游接待产业聚集地,新村按照现代新生活标准,为村民提供宽敞舒适的居住环境。这种超前的规划理念、新颖的产品设计和多赢的开发方式被誉为"竹泉模式"。韩建军说:"在还没有'乡村旅游'这个名词的时候,我们考虑的是如何将文化与美景进行完美的融合,做一个社会主义新农村建设和旅游的结合,把这里的自然风光更好地展示给大家。在当时,将自然风光与古村落结合在一起的旅游方式与格局,也是一种新的探索。"

3. 坚持制度创新,不断推动管理体系标准化、规范化建设。 竹泉村风景区开门伊始,就结合修订完善村规民约,认真制定并严格村庄管理和景区开发服务的各项制度,并在实践中不断完善这些制度,逐渐形成了一套具有普遍性和标准化的制度体系。景区运营管理公司严格遵照农村基础设施建设标准、环境提升标准、服务保障标准、产业经营标准和公共服务标准的美丽乡村建设标准体系,加强了经营管理上的信息化、可视化、标准化和智能化建设。景区运营团队积极参与旅游标准化示范企业创建,旅游环境得到不断优化,服务质量不断提升。竹泉村作为沂南全域旅游发展的引领者、引爆者,在很多方面做了大量的尝试和创新,为古村落改造树立了全新的价值观念,特别是以景区为平台,通过丰富多彩的节事活动,传播传统文化和民间风俗,解读生活本质,活化历史沿革和文化继承,将珍贵的古村落资源转变为具有生活体验内容的特色文化品牌,成为乡村振兴的"齐鲁样板"。

2020年春节前后爆发的新冠疫情，让整个中国的旅游业经历了前所未有的寒冬，但竹泉村·红石寨却没有停下脚步。景区利用疫情防控的空档时间，对村间原生态的丽水街实施创新再造，导入新的发展理念和更广泛的社会资源，将全国近百家民俗作坊、民间工艺、创意工坊、文创店铺、特色餐饮和网红小吃引进景区，向游客呈现出琳琅满目、个性独特的好物品、好味道、好创品，打造出一条全新的集民间习俗、手工艺术、休闲体验、餐饮美食、文创演艺为一体的生态圈。全新的业态、接地气的产品，极大地提升了游客的体验度。自2020年5月1日重新开业以来，景区推出的竹泉村"吃货节"图文攻略，一段时间内引爆了朋友圈，市场重启后迅速回温。2021年春节期间，竹泉村·红石寨景区结合沂蒙文化特色策划的"民俗过大年"新春活动，吸引了各地游客竞相前来。丰富多彩的民俗演出，地道传统的过年场景，让游客们感受到了浓浓的传统年味，旅游消费总额再创历史新高。竹泉村景区依靠全新打造的业态和富有创意的民俗活动，迎来了"柳暗花明又一村"，为村庄的高质量发展开启了新的篇章。

尹家峪村：致力打造田园综合体的高质量发展形态

飞观千秋壑，尽享崮巅美。2024年9月12日下午，笔者再次来到素有"林果之乡""蜜桃之乡""长寿之乡"的尹家峪田园综合体所在地，宽敞的道路、成排的楼房、整洁的村貌、园林式的家园、花园般的庭院，农田、果园、山体、水系相映成趣，一幅看得见青山绿水、记得住乡愁的美丽宜居乡村画卷正由点及面，串珠成链，徐徐展开。在这里，你可以领略到天上王城、东汉崮高耸云端的雄奇与神秘，还可以乘坐空中索道一路顺风而下来到崮下桃源，体验山乡人家的田园之乐；可以乘坐悠闲舒缓的悬

空小火车尽情徜徉，时而是七彩花海青翠山林，时而盘旋在崮顶峭壁之上；还可以到快乐芒果体验乐园，参与10大芒果王牌综艺IP沉浸式体验，一站式潮玩互动乐园；还可以在国际太空体验中心，参与90+实景体验项目，开启航天文化科普与太空探险之旅，在田园里遨游太空，探索宇宙奥妙。你可以到台湾风情体验馆，参观台湾8大主题风情区，畅享地道的台湾美景、美食。这里的草莓不长在地上，而是悬挂在空中；这里的种菜不施肥，鱼儿可以不换水。鱼菜共生馆打破传统，采用气雾栽培系统与鱼菜共生系统创造了奇迹，带来不一样的农业体验。尊重并顺应自然，生长于自然，最后取之于自然，这正是尹家峪最纯美的追求。时尚、科技、未来，都是尹家峪的标签，它将引领中国田园迈入3.0时代，成为中国理想田园的未来样板。早在2020年5月28日，笔者第一次来到尹家峪村时，就留下了难忘的记忆和深深的感叹。

尹家峪村位于沂水县泉庄镇驻地西1.5公里处，地处临沂、淄博以及沂水、沂源、蒙阴两市三县交会点，是临沂市的西北大门，曾经是八路军山东纵队后方医院所在地，山东省第一面党旗就诞生在这里。尹家峪全村现有720户1997人，党员86名。在探索实践乡村振兴战略过程中，以李金泉为班长的村党支部，立足山区实际，以强化基层党建为引领，以有机农业推进供给侧改革创新，以田园综合体为发展平台构建高质量发展新格局，培育农村三产融合发展新业态，探索生产、生活、生态"三美"新未来，探出了一条乡村高质量发展新路子。尹家峪人把这一创新实践经验概括为："以村民共同富裕为目标，坚持社企一体、村社共兴，用有机的标准生产高端农产品、用可追溯的手段控制质量、用管理企业的理念发展现代农业、用互联网的思维营销市场，实现土地股权化、生产有机化、质量可追溯化、经营电商化、管理企业化、扶贫精准化和农旅一体化"的乡村振兴独特模式，成为全国农村产业融合发展示范村、中国乡村旅游示范村和国家级休闲农业旅游示范点。尹家峪村党支部被山东省委组织部评为"干事创业好班子"，

党支部书记李金泉被授予"乡村振兴好支书"称号。

一、发展绿色有机农业，将生态效益转化为经济社会效益

地处小山沟的尹家峪村，2014年前还是远近闻名的贫困村，交通不便，人均耕地极少，每人只有半亩，以前主要耕种花生、玉米和红薯，特别是寨子崖，有山没水不见树，开发之前到处是黄土岭。村民只能靠天吃饭、外出务工。村集体不仅没有任何收入，还欠着外债30多万元。而就是这样一个荒山里的村庄的变迁，承载了一代又一代村民发展经济、振兴乡村的梦想。一次无心插柳之举，让尹家峪村走上了全新的农村合作社发展路子。2014年年底，沂水本土房地产企业五洲地产的掌舵人赵传博，事业有成后没有忘记老家落后的面貌，毅然回到村里，计划着将左邻右舍的土地平整一下，自己出资将路、水、电通上，希望能让乡亲们种地更容易一些。哪想到瞬间引起乡邻积极响应，纷纷把土地流转出来。在赵传博的带领下，以有机蜜桃为产业支撑，演绎出一个尹家峪村脱贫致富、乡村振兴的沂蒙故事。

赵传博流转土地、整理改良、发展生产的想法，很快得到乡亲们的认可和支持。那个冬天，他与村支部书记李金泉等几位村干部一起，筛选地块、商讨方案、制订计划、确定目标。经过慎重讨论后大家一致认为，从农民手里流转出土地是前提，但这只是走了第一步，发展现代农业必须让农民有活干、有钱赚。在他和村"两委"成员的共同努力下，60天时间就流转了1781亩土地。同时，积极探索建立有机农业产业新体系，依托工商业资本注入，成立了金龙山农业专业合作社，李金泉任社长。347户村民入社，村集体占股38%，社员占股62%。合作社成立初期，主要发展高效有机农业，把支部建立在了产业链上，实现了村集体与产业的联动发展，并借势泉庄镇"三资三清"大活动，将400亩荒山收回，以土地经营权流转入股金龙山农业社，每年为村集体增收17万元。为了加快施工建设进度，合作社组织成立了班子，拉起了队伍，上机械、上人员，整理土地，普施有机土肥，整修道路，大搞农田水利基本建设。合作社以有机生产的标准、现代企业管理的理念、互联网营销的思路，连片发展现代绿色有机

农业产业园区，拥有金秋红蜜、映霜红晚熟新品种2000余亩，生产的"百桃"牌蜜桃成为全国首个获得中国有机产品认证、欧盟有机食品认证、美国有机合格证书三大认证的有机品牌，整个园区和包装车间注册了出口企业登记证书，建设了万吨恒温库2个，全自动筛选线4条。

尹家峪村十分重视规划优先、科学布局和绿色发展。村"两委"把村域产业发展定位为绿色有机农业示范区，结合环境特点、社会需求和生产现状，通过践行绿色生态的发展理念，引进先进的绿色生产技术和工艺，进行统一的标准化、智能化生产管理，申请绿色有机食品认证等措施，转变农业发展方式，提高农业生产效率，培育农业发展新动能。在种植业内部结构调整提升方面，通过补种桃、苹果、葡萄、山楂、板栗等品种种植面积，扩大林果产业种植规模，形成产业规模化种植结构。同时为丰富片区果实种类，延长果实成熟时间，增种樱桃、蔬菜等，形成以桃、苹果、葡萄产业种植为主，山楂、板栗、樱桃、中草药、蔬菜为辅的产业种植结构。进而园区成功研发出"五谷满园"有机蜜桃营养餐系列产品，延长了产业链，增加了产品附加值，增强了抵御市场风险能力。针对小麦、大豆、蔬菜等农作物特点，利用自然农法进行种植生产，即减少或避免人工干预作物生长，最大程度还原植物的自然生长状态。园区内通过不施肥、不打药、不除草、自留种、地连作等方式，最大限度地降低了农药污染，提高了土壤肥力，并不断保留健康强壮、充满活力的种子，促进了作物与土地的相互适应，提高作物品质的同时，大大降低了环境负担，推动了环境的可持续发展。目前，园区农业生产已实现了100%有机配方施肥、100%生物防治、100%质量可追溯。

尹家峪村"两委"致力于发挥科技支撑引领，发展循环农业。园区建设了鱼菜共生自然餐厅，充分运用了鱼菜共生系统和气雾栽培技术，把水产养殖和水耕栽培技术结合起来，形成了一个无污染的生态循环系统，保证了农产品的绿色、环保、健康、有机，也满足了游客的就餐需求。同时，园区内建设了高科技草莓大棚，通过应用自动化作业、智能化控制、无土化培植、立体化种植等技术，克服了传统草莓大棚生产时土壤面积小、树体长势不强、果实品质不高、病虫害侵扰等弊病，提高了作物产量、品质。一串串草莓果实悬挂在大棚上方，既方便了游客边行走边采摘，也进一步推动了生产、休闲、科研相互融合。"土地股权化、生产有机化、质量追溯化、经营企业化、管理智慧化"的成功实践，让尹家峪村很快成为山东省首个、全国第4个有机产业发展示范村。2020年，金龙山农业合作社实现年总销售收入1200万元。

"从合作社成立那天起，我们就高端定位，立志打造最具品牌价值的有机晚熟蜜桃生产基地。"李金泉信心满满地向客人介绍。尹家峪的合作社模式很快复制扩大到周边村，镇里整合20个村庄约4万亩的农民桃园纳入项目用地，覆盖人口2.3万，7100户，贫困人口1000多人，约900户。对整合的桃园，以企业、合作社、金融机构三方合作的模式进行统一管理、培训，对鲜桃通过不同渠道保底销售，保障农民各项收入每年递增。同时，实践多层分配收益模式，进行社会化平台管理，实现社会化服务于农民，联合金融机构对桃园进行投资，实现资本运作，改良提升现有桃子品种，做到一年四季有桃。李金泉介绍说，金龙山合作社探索创立了"公司+合作社+家庭农场"经营模式，让社员在合作社中适度取得经营自主权，变"局外人"为"主人"，激发社员主人翁精神，获得持续发展的原动力。如今，层层叠叠的桃树枝繁叶茂，库、坝、池、泉犹如明珠镶嵌在绿树中间，昔日荒山秃岭变成了花果山，一棵棵桃树，成为村民的致富树、幸福树，解决了农村环境生态脆弱问题，真正实现了农业可持续发展。

二、聚力田园综合体，打造乡村振兴升级版

田园综合体作为乡村振兴新的发展业态和产业支撑，在2017年中央1号文件中首次被正式提出。1号文件中指出，"支持有条件的乡村建设以农民合作社为主要载体，让农民充分参与和收益，集循环农业、创意农业、农事体验于一体的田园综合体"。尹家峪村民在经历了绿色生态发展实践

体验和尝到发展甜头后，深深意识到新的机遇的来临。2018年，以尹家峪村、东汉崮及天上王城等为核心的田园综合体项目，成为临沂市委的重点帮扶项目和沂水"125"工程重点产业项目。项目以4A级景区天上王城和东汉崮为依托，以尹家峪的农田、果园、山体、水体等资源为基础，以生态休闲度假为主题，通过连接天上王城、东汉崮的高空索道为特色交通方式，营造七彩花海的生态环境，将项目园区"打造成一个集生态观光、休闲度假、康体养生、特色购物等功能于一体的特色鲜明、宜居宜业宜游、惠及各方的景区型田园综合体，成为长三角地区农产品供应基地、休闲旅游'后花园'和产业转移'大后方'"。泉庄镇人大主席张在志向客人介绍时说："项目开发中，首先立足于做强做大林果种植和加工产业，使之成为核心产业，并通过配套产业、支持产业与衍生产业来带动核心产业转型升级，实现项目地一、二、三产业融合发展，构建现代农业产业体系，实现生态度假慢生活，创意田园新体验。"尹家峪田园综合体项目，规划面积38平方公里，共涉及20个村2.8万人口，由市属国有企业临沂城市发展集团投资21亿元规划建设，建成后年可接待游客200万人次。

"崮上王城，崮下田园"，尹家峪田园综合体的规划理念、业态布局和富有创意而又极具操作性的运作策划，让各方面的资源要素开始陆续往这里聚集。开发伊始，项目的主要投资方之一、临沂城市发展集团首批投入启动资金2000万元很快到位，项目还争取了省交通厅的交通道路专项资金、发改部门的国家农村产融示范园基础配套资金、旅发部门的旅游精品小镇项目资金、住建部门的绿色生态示范镇项目资金，以及农村农业部门的农发项目等资金近1亿元，并从不同渠道陆续到位。2018年7月，尹家峪田园综合体正式启动，项目以"精品、全域、生态、宜居"为开发理念和主线，致力于建成可带动区域农村产业发展的龙头平台和百年可传世的特色精品项目。在"齐鲁样板、全国领先、百年传世、共享振兴"的高目标定位引导下，规划了"一心一廊三带九区的空间布局形式：一心为综合服务中心；一廊为崮上花田风光廊；三带为景区入口景观带、崮上飞索

空中游憩带、阡陌之间空中小火车游憩带；九区为天上王城景区、桃花潭水入口服务区、桃林花海观光区、桃花溪谷核心区、桃园种植区、崮上桃林种植区、东汉崮景区、崮上娱乐体验区、七彩崮园观光区，其中包括花韵乡居水街、农业嘉年华、历史文化村、崮上人家、梦幻岛、桃花岛、灵溪书院、半岛酒店、康养社区、七彩崮园、东汉崮、崮上飞天、崮上云巅、花海漂流等三十多个文旅、农旅、创意型项目"。

立足产业定位和资源优势，尹家峪田园综合体实现飞速发展。园区从绿色科技、文化体验、休闲旅游、科普教育等角度出发，打造"农业+文化+旅游+教育"的多功能立体化田园综合体。截至2020年底，尹家峪田园综合体已累计投入9.4亿元。项目以五座桃花花瓣型的恒温场馆为依托，布局了快乐芒果体验乐园、国际太空体验中心、台湾风情体验馆、芽芽幻城等高品质的业态体验项目，为国内外首创。其中，芽芽幻城围绕湖南卫视快乐大本营、天天向上、真正男子汉、我是大侦探等知名节目IP衍生而成，游客可以在其中参与真人CS激战、蹦床攀岩、沉浸式剧本杀等游戏，体验军旅生活和美食品鉴。与北京航空航天博物馆联合打造的国际太空体验中心，涵盖了航天、航空、航海、太空防御等体验项目共90余个，满足游客摘星登月、遨游太空的体验需求。

随着项目的不断推进，策划创意也得到不断深化。尹家峪田园综合体持续升级田园旅游业态，致力深度挖掘乡村多重价值，激活和再现民间技艺、农耕文明、民俗文化，盘活老烟站闲置房产资源，组织民间艺人成立沂水县泉庄农艺文创专业合作社，建设了集展览、收藏、拍卖、交易、餐饮、住宿、民俗体验等于一体的多业态的大型文创市场综合体，推动了文旅深度融合。同时，以有机产业为基础、产业融合发展为抓手、独特文化为核心内涵，建设农业主题体验博览园、商业水街、主题酒店、精品民宿、双创中心等30余个子项目，形成乡村业态聚集区，聚集人流、物流、信息流、资金流，使园区文旅产业链集群发展、活力四射。目前，乡村振兴学院、沂蒙花开景区、云水间精品民宿、云悦游客服务中心、崮水间主题酒店、空中草莓大棚、户外拓展基地、汪芽芽幻城、橘子布欢乐城堡、台湾风情体验馆、未来太空城、鱼菜共生自然餐厅、农产品交易中心等项目已相继开门迎客,并一炮打响。还建成了22家"泉乡人家"农家乐,新建的集装箱美食街招商火爆,精心打造的一批"遇见·泉乡"康养民宿,被评为"中国乡村旅游金牌农家乐户",成为继"泉乡人家"农家乐之后的又一金字品牌,推动了住宿、餐饮、采摘、观光旅游一体化发展。

2021年1月1日,尹家峪田园综合体正式开园。依靠市场化、多元化、智能化运作模式引爆市场。园区坚持用市场化思维运营整个项目,通过线上平台与线下实体、传统宣传推广与现代融媒体、自媒体结合,全方位、立体式营销自己。还制作了《梦回崮乡》微电影、《感恩尹家峪》、《亲亲你的酒窝》歌曲及MV、《走进尹家峪》和《临沂·尹家峪田园综合体》宣传片等进行多元化宣传,以短视频定制服务、可视化新闻制作等多种载体,与当地互联网传媒公司、文化旅游发展中心等机构合作,积极举办了摄影大赛、主办"主播带你游"尹家峪田园综合体景区专场等系列活动,叠加裂变爆发式扩大品牌营销覆盖面和影响力,收到了很好效果。

三、政府主导、多方参与,全过程体现村民共建共享

园区积极探索建立多方协作、共建共享的协调发展模式。在园区建设发展过程中,地方政府和资方高度重视发挥政府在规划引导、政策支持、资金倾斜等方面的重要作用,同时通过业务合作、招商引资等方式,吸引媒体、企业等进行多方合作,提升企业参与园区建设的积极性,带动园区高水平发展。当地政府制定了《山东省沂水县尹家峪田园综合体试点项目三年总体规划(2018—2020)》,对尹家峪田园综合体三年内的建设发展情况进行系统规划,还成立了由县长任组长,财政、农村综合改革、农业综合开发以及发改、国土、环保、水利、农业、林业等单位和部门主要领导为成员的领导小组及办公室,统筹组织试点项目的申报和实施等各项工作。领导小组加大招商力度,积极引入社会资本,多方筹集项目资金,将

美丽乡村建设资金、全域旅游创建资金等向该乡倾斜。同时，创建了县供销社成立的融资担保公司和泉庄镇供销农民合作社联合社成员资金互助部两种融资渠道。还通过济临扶贫协作专项基金运作，引入了1.77亿元用于尹家峪田园综合体的建设。

园区坚持市场化运营，创新就业、利益分配等模式。一方面，通过参与项目建设，使农民以土地租赁等形式获得了租金，还为农民提供了多样化的就业岗位，当地农民以务工的形式获得薪酬，大大提高了农民共建共享的积极性。另一方面，园区建设公司与江苏省新沂携程旅行社、山东交通广播、青岛易游国旅、临沂国际旅行社、沂水康辉旅行社等进行签约，引入了大批社会企业参与项目建设发展，形成合力，既推动园区不断升级发展，也带动了农民就业增收。李金泉介绍说："在金龙山农业专业合作社的市场化运营及赵传博的帮助下，通过村民土地流转到合作社并进行折股分红模式，社员在获得每亩680元至1000元流转费用基础上，再享受每亩地纯收入30%的股权分红，长效收益得到保证，同时村集体也先后累积近700万元的固定资产，2020年合作社分红414万元，村集体增收70

余万元，其中通过整合土地增加收入26万元。"村民通过土地分红、合作社务工收入、生产效益分红、个人奖励等方式，真正实现了"腰包鼓起来，日子富起来"。村"两委"还立足实际，将村间道路硬化与农村人居环境提升、美丽乡村建设紧密结合，注重古村落、古街道、古树木保护和文化挖掘，在保护环境的前提下，突出文化传承、生态特色，提升改造老房子，建成了30余套高端精品民宿，有效助推本村旅游服务业态发展，打造出了一道独特靓丽的乡村风景线。如今，尹家峪村真正做到了让原住民有多种渠道就业、多种方式创业、多种商贸选择、多种收入致富，实现家家有参与、户户有增收，人人有获得感、幸福感，将新业态的活力转换为村民的幸福指数。

"现在村民都没时间赌博了，也没时间去吵架了，每天在地里干活的时间都不够，还得参与旅游经营服务和各种文化活动。"村党支部书记李金泉不无感慨地说。这里是忙碌而又充实的一片田野，这里是繁华而独具活力的一个街村。当你漫步在温凉河畔，随处可见青葱的四季水草随风飘动；当你游走在乡村田野，时常可闻纪王崮战马嘶鸣。天上王城七彩崮，梦中田园桃乡美。当乡村振兴的号角在华夏大地吹响，齐鲁广袤的乡村已蓄势正发，尹家峪村以脱贫攻坚工作开启奋发进程，以发展绿色有机农业奔跑在小康大道上，以田园综合体实现着高质量发展，已经从一个默默无闻的穷山村蝶变为远近闻名的富裕村庄。尹家峪村的创新发展探索还在快马加鞭，尹家峪田园综合体的故事仍在延续。

月坝村：从旅游示范户到高品质康养小镇的华丽蜕变

茂林修竹、百鸟啁啾、泉水私语、水车低吟。2024年9月14日，笔者从广元高铁站乘车，走了50多公里的盘山路，经过10多个深山峻岭中的美丽村庄，再次来到四川省广元市利州区白朝乡月坝村，仿佛进入了一片世外桃源，层层叠翠的山峦，错落有致的多彩梯田、依山而建的川北民居，溪水潺潺的麻柳古道，笼罩山间的淡淡雾气，散发出宁静、舒适、浓郁的乡土气息，到处都是治愈人心的青绿。月坝村因四面环山、形似满月而得名。这里，平均海拔1000余米，村内有月坝湿地，资源丰富，森林覆盖率高，宜人的气候、独特的田园风光和秀丽的风景，吸引着许多城市的游客慕名前来。当地的村民前辈常说，每当皓月当空之时，这里的月亮有簸箕大，所以月坝村又被称作"离月亮最近的地方"。

月坝村曾经是一个无产业、无村财、缺人才、少耕地的空心村。"月坝李子坝，包谷纽扣大，烤的疙瘩火，吃的洋芋果。"村支书吴光成告诉客人，这句当地流传的顺口溜真实反映了以前月坝村的艰苦条件。深山边远土地狭小，地薄粮少，烤土豆一吃就是一冬三个月。村民普遍住着土坯房、小平房，村里八成劳力出远门打工，整个村子常年空荡荡的。近年来，月坝村抢抓国家脱贫攻坚和乡村振兴的大好机遇，发挥得天独厚的自然生态资源优势，探索出了"因地制宜建景区，组建专业合作社统一管理，带动群众致富"的"两建一带"乡村旅游发展新模式，打造"康养度假休闲、游山玩水舒心、农特产品采购、民俗风情体验、神奇月坝研学"五大产品，

走出了一条"游古村、览明月、探溶洞、踏清流、享田园"的森林康养发展之路，实现了人、村、山、水、林、房有机融合，成为远近闻名的网红"打卡地"。2022年接待游客15万人次，实现旅游综合收入6000余万元，村集体经济收入270多万元，村民人均可支配年收入3万多元。如今，月坝村已先后获得"中国美丽休闲乡村""全国最美森林小镇100例""中国十大乡村振兴示范村""全国乡村旅游重点村""中国十大乡建优秀探索奖"等称号。

一、培育旅游示范户，探索农旅兴村致富新路

月坝村的发展变化要从乡贤吴光成说起。1996年，22岁的吴光成离村外出到山西太原打拼，因祖上精通木工活，从小跟着家里长辈打杂，学了一身手艺，使他在太原顺利扎下了根。做家具、卖服装、搞餐饮、经营货车生意，什么能赚钱，他头就往那里扎。经过多年的打拼，到2011年时，吴光成年平均净收入达到20万元左右。然而正在生意顺风顺水的时候，

吴光成毅然决定关了太原的门店和业务，回老家做事。谈起返乡的原因，吴光成对乡亲说："无论走到天涯海角，家始终是埋藏在心底的牵挂。当年春节回家时，看到家家户户都是留守儿童和老年人在家，几乎所有青壮年劳动力都在外务工，而家乡贫穷的面貌却始终没有改变，如果没有人站出来，家乡可能永远都是那样。有了在外面的成功经历，所以我决定回家试试。"

吴光成返乡后的第一件事，就是考虑如何把村里环境整治好做旅游。而打造美丽新村，且不说村里硬化美化亮化等基础设施建设需要一大笔投入，就是村民旧房改造成民宿，都阻力重重，特别是民宿标准化改造更是一道难关，穷怕了的村民大多很犹豫。月坝村起初确定了 4 户旅游示范户，首先对农房进行标准化改造，但没一户响应。一是不愿花钱，二是担心没有客源。看到这一切，吴光成第一个跳出来试水，他横下心带头干，先努力说服妻子和一家老小，掏出多年积蓄并借了一笔钱，投资 30 万元将自家旧房进行示范户改造。"房子说改就改，我老爹都哭了，怕我血本无归。"吴光成说，他就给老爹算了一笔账："改造一个标间接待客人，一晚上可收入 120 元，成本最多不超过 40 元，还要赚 80 元，比打工强。"老爹听了觉得似乎有点奔头，便让他去试试，就这样吴光成成了第一个旅游示范户，开业后生意红红火火，仅当年国庆假期就有 2 万多元的营业收入。村里每个组都来人参观，渐渐地又增加了 3 户示范户。吴光成以第一个吃螃蟹的成功先例，让村民们看到了希望。村民们选他为村委会主任，推举他带着大家一起干。经过市场调查和村情分析，他在发展乡村旅游业方面给村"两委"提出许多大胆建议，村里先后启动了路、水、电、通信等基础设施建设，拉开了村庄环境整治工程。

2013 年底，村"两委"换届选举中，吴光成高票当选为月坝村党支部书记，让这个本来就要强的庄稼汉有了更强烈的责任感和进取心。在吴光成和村"两委"的带领下，参与改造的农户从 4 户到 8 户，再到 52 户、122 户，村民主动将闲置房屋拿出来改造并参与入股。从此，吴光成带领村里的大部分农户干起了乡村旅游"新行当"。随后，月坝旅游新村建设正式启动，经过两年的努力，月坝村焕然一新。这时，吴光成的眼光瞄准了更高更远的层面，对村庄的发展有了整体思考和谋划，着手推出了"引青年人才返村、扶本地人才留村、聘农业专家进村、招优秀企业下村、育职业农民兴村"等举措，让土地、资本、技术和劳动力等生产要素第一次在这个小山村得到创新整合。留在村里发家致富的村民越来越多，外出务工人员也陆续返乡，城里下乡创业的新农人和新村民也融入进来，村里的在外乡贤更是对村里发展鼎力支持，他们为这片大山注入了乡村振兴的新鲜血液，一条"群众得实惠、发展可持续"的崭新之路徐徐展开。如今，月坝村已发展农家乐、民宿35家，拥有450个床位，培育新型职业农民100余名，带动当地就业800余人。

二、生态打底、改革当先，人人共享美丽乡村"红利"

2015年之前，与川东北所有乡村一样，月坝村的主业是农业，以种植玉米、土豆、油菜籽为主，村民贫穷，交通不便，又缺乏产业支撑。为了脱贫致富，村"两委"绞尽脑汁盘算着家底，希望能从自身资源中找到发展支撑。不久，大家不约而同都看中了村里那块3000余亩荒芜的"烂泥滩"。"两山"理念的指引和脱贫攻坚硬任务的倒逼，让月坝人有了方向和干劲。很快找来推土机，在这块"烂泥滩"上轰鸣了几个月，排水沟挖出来，水没了，地成了，露地蔬菜基地建起来了。可谁都没想到，三分之二以上的湿地因开沟排水而发生了改变和破坏，地层水系被割裂了，湿地内生机理遭到破坏，开始萎缩退化了，而种起来的蔬菜也低产低质，瓜果都没了甜美的味道。这时，村民们陷入了深深的徘徊和反思。在绿色发展理念的指引下，月坝人有了新的发展思路，开始填沟整地，蓄水为湖，几个月的生态修复，一座碧波荡漾、绿意盎然的"近月湖"破土而出，村"两委"组织专业团队进行简单的设计和营造，村里能工巧匠土法上马，一处处原生态、乡土气的美景便跃然眼前，在互联网和自媒体的引爆下，一批批"田园人""露营者"纷至沓来。这个突如其来的游客潮，让月坝人看到了旅游兴村的希望与前景。他们大步子开启了以民宿为主题、"以合作社＋农户＋国投公司"为主体的运作模式，坚持还原农村本色，旧房不大拆大建，致力于改建修缮、修旧如旧，突出老街、老宅的风貌提升改造，使农家小院"独可成景成业，合则更兴更盛"。小桥流水人家，山歌悠扬伴落霞。曾经偏僻、落后的小山村，实现了从美丽生态向美丽经济的转变，为秦巴山区实施乡村振兴战略探索出了一条有效途径。

村里还先后建成了150亩中药材产业园、310亩食用菌产业园、330亩干果产业园及5000箱蜜蜂养殖区。在做大农文旅产业融合发展中，月坝村坚持运作机制的改革创新和大胆探索。吴光成介绍："我们通过参观考察，采取了'合作社＋农户＋国投公司'的运作模式。农户自愿与村里的专业合作社签订合同，将闲置农房经营权入股合作社，合作社按照统一风格实施乡村旅游、民俗体验打造，并聘请专门团队进行推广、运营。涉及风貌改造的，费用由合作社和农户各出一半。同时，村里将政府集体经济

扶持等项目资金形成各类旅游资产，以村集体闲置资金、土地、学校房屋、村委会场地等资产资源入股合作社。景区景点需要配套的农户集市、客栈、游客接待中心等公共基础设施，则吸引了利州区利元国有投资有限公司的投资。通过集中农户200余亩土地抵押给国投公司融资，月坝村换来了急需的建设资金。"

这种运作模式，让项目投资企业的资金、村集体资源资产、村民的闲置房屋、合作社员工的人力资源投入等各种资源得以有效整合。这个过程中，"村民至少有三份收入：一是房屋租金，每平方米一年30元；二是务工收入；三是合作社分红。"村里按照"三统一禁"的管理经营机制，即统一规划建设、统一经营管理、统一入股分红、禁止村民个体经营，建立了"2224利益分配机制"，即20%作为资产股、20%作为自然资源股、20%为集体经济持续发展股、40%作为返回投资股。如今，月坝村171户中有122户加入合作社共享红利，已有62户民宿具备接待经营条件，另外109户村民因房屋面积和空间等不具备民宿改造条件，合作社想方设法扶持他们发展种养业，为合作社提供绿色生态食品。同时，合作社还拿出一定比例的收入分配给每个村民，让所有村民共享发展成果，"红利成了人人头上一点红"。

三、高位嫁接、多元叠加，康养小镇助力美丽腾飞

月坝人并不满足于眼前的发展，马不停蹄开始了新的谋划，超前研发未来乡村生活消费的"奢侈品"。2015年开始，围绕广元市生态康养旅游名市建设目标，结合月坝村的资源优势和已经集聚的发展要素，月坝村高起点提出了"月坝特色小镇"的建设构想，并聘请中国城镇化促进会城乡统筹委、中国城市发展研究院规划设计，为月坝发展描绘新蓝图。有了专家的指导和设计团队的新理念、好创意，乡村干部和广大村民思想大大解放，思路也逐渐打开，他们与设计团队一道瞄准生态康养旅游产业的广阔前景，统一规划设计改建月坝村以及周边村的民居，实现民居与森林相融，

构建"依山就势、院落围合、庭坝阶连、错落有致、鳞次栉比"的川北民居风格，真正变民居为民宿，开辟了培育乡村旅游经济增长点的全新路径。

2016年5月，"蜀道花前月下"康养小镇启动建设，着力构建集农业景观猎奇、民俗风情体验、健康养肺运动休闲等功能于一体的休闲农业旅旅游体系。康养小镇规划总面积近5000亩，总建筑面积约20万平方米，由四川省长相守康养服务有限公司总投资28亿元。规划目标定位为，"以月坝高山湿地优美的自然生态为基础，以山、谷、园、林、湖为底色，围绕健康、运动、休闲、养生四大主题，精心打造山居休闲、运动疗养、耕读研学、亲水漫步、拓展露营、登山望远等康养度假产品"。分区建设了游客接待中心、月坝康养型精品度假酒店（利州区乡村振兴学院）、乡村振兴体验馆、清风云居、观山悦舍、竹根酒坊、月坝火烧馍小吃馆、黄蛟山郊野公园、桃园休闲农庄、湿地花海公园、近月湖生态公园、文昌宫、九曲花街、兴隆大戏台、农夫集市、樱花大道、樱花小院、麻柳小院、罗家老街、罗家院子、罗家酒坊、王家院子、一品九苑、环湖亲水栈道等一

批景观和旅游设施，配套建成了总面积 12 平方公里的高山湿地、5.5 公里环湖路、10 公里步游道、5 公里麻柳康养长廊、300 亩农事体验梯田等生态康养旅游项目，还规划了儿童乐园、半山运动公园、自行车运动俱乐部、四库书院、青少年研学拓展营地、瑜伽馆、露天音乐广场、房车营地、露天营地、休闲商业街等，充分满足城市人对理想乡居度假生活的向往。2018 年 9 月，月坝特色小镇正式开门迎客，一炮而红，成为人气爆棚的网红打卡地。2019 年国庆期间客流"井喷"，游客达 15 万人次，实现旅游收入 3000 万元。

新时代、新生活、新消费、新业态。如今，月坝人开启了新的营销和发展模式，"月坝直播专线"成了四川省乡村振兴商文旅直播专线的首条。该专线以"互联网 + 文旅 + 特色产业"融合发展为纽带，以互动直播、农村电商、度假旅游、文化传播相融合，以月坝村丰富的生态景观、物产人文为依托，整合四川省食品直播基地、MCN 机构、白鲸会全球商旅会员服务平台等多家企业资源，融合网络主播人员、技术、农村电商、社区社群和售后服务等多种传播和供应链要素，成为集特产、美食、美景、文化娱乐多元消费于一体的新业态体验专线。直播专线开通后，月坝村的美景、美食和乡村民俗文化近距离展现在全国网友眼前。传统的旅游业态升级为"直播+卖风景、卖文化、卖体验"，带动了当地农产品、文创产品、民宿旅游产品的展示和销售，进一步促进了当地旅游资源、游客接待能力、吃住配套服务、旅游商品的开发，大大推动了人员、商品、信息和技术在城市和农村之间的双向流动，为城乡优势互补、融合发展起到了极大的带动作用，树立了极具代表性的商旅文融合发展的示范标杆，成为四川省乡村振兴的"样本"。

初冬时节，走进月坝，山川披银，微风透寒，落日斜射，万籁俱静，一场小雪覆盖了山村的最后一抹秋色。见惯了城市车水马龙的嘈杂和拥堵，在这里，你会因山间的一泓清泉而激动不已，因雪下鲜艳的花朵而万分惊喜，因远处不时传来的天籁之音而有了诗意美感，因一道流星划过夜空而思绪万千。如今的月坝村，宛如一幅长轴画卷，成了游客们心中永远难以忘怀的网红打卡胜地。

边麻沟村：幸福生活像花儿一样盛开

边麻沟村位于青海省大通回族土族自治县的西南部，是青海高原深山中的民族文化村，全村160多户612人，祖祖辈辈以传统农耕为生。在过去很长一段时间，边麻沟村被称作"窎沟"。窎即深邃、遥远之意，这是对边麻沟村山大沟深、高寒偏远的自然环境的高度概括。"好女不嫁窎沟汉"的说法更是村庄曾经贫穷落后的生动写照。而如今，这个土地贫瘠的穷山村，已经成为城里人在周末和节假日争相前往的好去处。来到边麻沟村，首先映入游客眼帘的是色彩斑斓、争奇斗艳的花海庄园，处身其境，一定让你痴迷心醉。再眺望远处的青山绿水、青草垂柳，更让人仿佛进入鸟语花香、田园牧歌的仙境中。山坡上别致的小木屋，像似一幅幅艺术品，生态自然、典雅精致，让游人怡然自得。2020年1月8日，笔者利用来青海开会的机会，到访了边麻沟村，实地感受和调研了村庄的发展变化。

"昔日穷窎沟，今日幸福村。"这一巨变背后，是村党支部书记李培东带领干部群众八年苦干、不懈奋斗的坚实足迹。经过这些年的发展，李培东总结了三点体会："一是村里富不富，关键看党支部；二是大力发展村集体经济；三是激发村民潜力，让大家都动起来，参与村里发展。"2019年，边麻沟"花海农庄"景区收入达470万元，接待游客156万人（次），经营户户均增收5万元；解决当地就业230余人，全村近一半农户从事乡村旅游业，户均增收1.5万元。2021年，全村农民人均可支配收入达到1.49万元。如今，边麻沟村已被打造成为"集花卉基地、人文景观、餐饮住宿、休闲娱乐于一体"的"花海农庄"乡村旅游品牌，先后获得"全国生态文化村""中国美丽休闲乡村""全国乡村旅游重点村""民族团结进步示范村""省级文明村镇"等荣誉称号。

一、商海搏击出能人，村民致富领头雁

边麻沟村村委会主任李存德谈起往事说道："因为偏远、高寒，这里饱受霜冻、冰雹、干旱等自然灾害困扰和区位条件不佳等因素影响，村民除了年复一年种植油菜、青稞、土豆，没有其他收入来源，生活水平普遍较低。在这自然资源环境下，村民只能选择外出打工。"李培东正是在这种条件下走出大山、闯荡商海的。那些年，李培东走南闯北，尝试做些苗木生意，正好遇上高原大地处处大兴新农村建设，村居环境整治、广场绿化、公园美化、生态治水等，都需要大量花卉苗木源源不断地供应，这让李培东和他的合伙人那些年赚了不少钱。先富起来的李培东，每次回家看到村子里仍然落后状况，见到不少乡亲依然过着紧日子，总有不少心酸，心里一直琢磨着如何才能找到一条让老乡们致富的路子。经过一年多的酝酿和谋

划，李培东下决心先把村里的青壮年带出去闯荡，学点生产和经营苗木的技能。很快，他在村里第一批组织了13名青壮年，分批分组带出去跑市场、学栽培、挖苗木、搞运输，不久，这批中的骨干便慢慢熟悉了苗木业务，成了苗圃的承包人和苗木市场营销员，村里从事苗木业务的团队在不断壮大，业务也大大拓展。

然而形势比人强，在2008年爆发的世界金融危机影响下，市场投资者的信心受到重大冲击，全国经济进入衰退期，造成苗木市场萎缩和滞销，李强东的苗木种植业遇到了意想不到的困境。天无绝人之路，正当人们为大量积压的苗木忧心忡忡时，李培东的脑筋急转弯想出了新的发展路径，在做了一番市场调研后，他下决心从外村流转了近13.3公顷土地，开始转行尝试中藏药材种植。功夫不负有心人，那时中藏药材市场销售较旺，很快便让他有了生意上的转机，他和几位一起干的乡亲都有了较好收入，顺利渡过了事业上的难关。

2011年，在群众推举下，已经把家搬到县城的李培东回到边麻沟村担任村委会主任。"村舍乱建，环境卫生差，道路不通，群众观念落后，村财无积累，当时的发展条件举步维艰。"李培东面对村情陷入深深思考。全村只有耕地84.66公顷，种地肯定没出路。李培东多次到县城、乡里争取创业项目，请来泥瓦匠、电焊工、厨师等给每家每户教技术，找好创业就业路子，鼓励年轻人大胆去尝试、去拼搏。经过两三年实践，村民们的收入有了明显提高。可环境差、没秩序仍是李培东心头的烦恼事。他从邻村听到了一个令人振奋的消息，县里计划在公路沿线的村子实施"党政军企共建示范村"项目，每年集中改造一批贫困村。这让李培东兴奋不已，他白天找村"两委"研究思路，夜里通宵达旦写调研材料，还要跑县里相关部门，一遍遍汇报想法，反复论证把美丽乡村建设试点放在边麻沟村的可行性。项目下来后，他又自己垫钱租来推土机，先把自家不合规的房子拆了。"那段时间，我在前头走，推土机和拉着建材的拖拉机在后面跟，拆一家违章建设的房子，就卸下盖新房的砖头木料，谁家盖房有困难，我

借钱再借人力帮他们。"李培东说。在他的带领下，村民们自己动手，边策划设计，边推进村庄环境整理，修建了村间道路，实施了绿化、亮化和美化工程，经过一年多的努力，村庄旧貌换新颜，乡亲们第一次尝到了奋斗的甜头，脸上有了满满的幸福感。

二、转变发展思路，走上康庄大道

边麻沟村平均海拔 2800 米，年降雨量 580 毫米，辖区总面积 3.5 平方公里。如何因地制宜发挥自身优势发展村级经济、实现富民强村？边麻沟人开始思考下一步更大的发展计划。2014 年初，村"两委"班子换届，李培东被推选为村党支部书记。上任伊始，他就琢磨着怎么为村里闯出一条新路，每次外出学习考察，都会详细了解和总结别人的发展经验和成效，结合自己的村情，作一番分析论证，渐渐地他便有了清晰的思路，利用边麻沟村得天独厚的自然生态资源，发展休闲观光旅游，应该有很好的市场前景。很快，一张发展蓝图在他脑子里形成，他大胆地构想，把北面山湾里的村民承包的山地全部流转到村集体，成立合作社，统一种植花卉草木，可以打造成一片乡村花海，再利用田园花海和村里独特的自然生态环境发展休闲观光旅游，从而带动村民创办农家乐、乡村民宿，推动村庄种植养殖业，形成完整的产业链……他愈想愈激动，愈想愈发坚定。在一次村"两委"班子会上，他把构思好的发展方案和盘托出，大家听了纷纷表示支持。点子是好，但建设资金如何筹措？村民们开始发愁了。其实李培东在刚冒出这一想法时，就反复琢磨，想了不少路子，早已心中有数。

认准了的事，李培东总是刻不容缓。他和村"两委"成员分头要政策、跑招商、忙筹资，坚韧不拔，一往无前，终于争取到了上级政府的援助项目和配套资金。而这些资金也都仅仅是个补助，对于建设一个高品质的文旅综合体——观光花海来说，只能是杯水车薪。急迫之下，李培东把眼睛盯上了自家的积蓄，他想方设法做通了家人的思想工作，决定拿出自己多年积累的800万元资金，全部投入花海项目建设。在他的带领下，村里的党员干部和不少村民也纷纷参与，有的投入现金，有的入股土地。不到一个月，村民自愿入股合作社资金60万元，流转土地800多亩。很快，一场"绿色运动"在高原深山里徐徐展开，村里组织栽植了福禄考、鸢尾、玫瑰等50余种观赏花卉，将亩产不到300斤粮食的旱地建成了"花海农庄"。这时，恰逢国家精准扶贫的大好政策，村"两委"及时抓住契机，将贫困户人均5400元的产业扶贫资金转入合作社投资到花海建设中，实施"花海农庄"提档升级工程，努力打造一个集花卉基地、人文景观、餐饮住宿、休闲娱乐为一体的独具高原民族文化村特色乡村旅游品牌。

"花海农庄"乡村特色旅游品牌的发展目标，给了李培东极大动力和压力，他一边带领村民们日夜奋战在工地上，推动项目早日竣工开业；一边继续筹措项目缺口资金。他掏完了所有"家当"，又动用了亲友资源，东拼西凑出1000万元资金投入"花海农庄"的升级工程和配套设施建设项目，这也带动了乡村两级党员干部的积极响应，让项目提升工程很快筹到了1500余万元资金，建设了观景台、中心花坛、休憩长廊、仿古景区山门等配套景观，完成了村庄环境整治、道路硬化、游客服务及停车场等基础设施建设。当年,"花海农庄"开张迎客,游客数量达到 30 多万人,景点门票收入突破 100 万元,带动村里其他收入 400 多万元。

有了村财收入,村里的发展脚步更加坚定了。合作社又向村民流转了 190 多亩土地,精心设计打造了玫瑰花海,建设了民俗文化演艺中心、民俗文化展示区、森林酒店、徒步游营地和药材种植观赏园等景点及配套服务设施,整个旅游景区以"花海农庄"为主打品牌,以民族文化为乡土特色,以农家乐为产业支撑,带动了边麻沟周边几个乡村的旅游业发展。如今,全村农家乐已发展到 56 家,家庭宾馆 15 家。千亩"花海农庄"产值规模超过 2000 万元,景区年接待游客超过 150 多万人次,全村收入近 1000 万元,村民人均年纯收入 1.49 万元。

三、支部是一盏灯,党员是一面旗

"一个村的发展,党支部的核心作用和党员先锋模范作用至关重要。"李培东在总结这些年的发展经验时,深有感触地说,"支部是一盏灯,为大家照亮发展前行的道路;党员是一面旗,带领全村人一起干,不仅要有敢担当想担当、敢作为想作为的精神,还要有练就帮助村民脱贫奔小康的本领。"发展的路上并非坦途,总少不了偶尔出没的"拦路虎"。但关键时候,李培东和村"两委"成员敢于担当,无论是发展苗木遇到市场疲软,还是建花海庄园急需资金,他们都能率先兜出"家底"、扛起责任、担当风险。在他的带领下,村党支部发挥了战斗保垒作用,党员的先锋模范作用最终都转化到了为村民增收致富上。几年来,在立足当地资源积极推进乡村休闲旅游观光带建设过程中,村"两委"成员始终勇立改革发展潮头,带头克服困难、探索创新,不计个人得失为村民发展农家乐和民宿打头阵、垫资金、抓营销、促增收,既稳步带动了村民共同富裕,也不断壮大了村合社的集体经济实力,还辐射带动了周边村的经济发展和村民致富。同时,在关心服务村民和带领村民一起创业方面,也作出了积极表率,生病的村民由支部出面联系医院,铺设排水管由党员带头先挖开自家的宅基地,植

树造林、帮困济贫党员干部都走在前头。

"老百姓是土壤，基层党组织是根系。"李培东深有感触地说，边麻沟村在加强班子自身建设的同时，还注重把年轻有为、有开拓精神、致富能力较强的农村党员培养为村干部。为了让更多的村民参与到项目中来，真正体现村民的主体地位和主体作用，村"两委"及时策划生成适合不同特点村民群体的项目，发起成立了大众农业观光专业合作社等新业态，让有相关技能和有意愿经营旅游服务的村民加入。经过几年的发展，合作社已由最初的5户增长到了目前的133户，实现户均年增收1万元以上。

边麻沟村是一个以汉族、藏族、蒙古族、土族为主的多民族聚居村，少数民族人口412人，占全村总人口的67%。不同民族的村民世世代代生活在一起，保留着各自的传统习俗和民族特色文化，又相互尊重、和睦相处，各民族团结一家亲，成为大通县民族团结进步示范村。"民族团结构成了边麻沟村实现跨越式发展的群众基础和力量源泉，没有民族团结何谈谋求发展，如今边麻沟村的变化就是最好的证明。团结起来才有力量，团结起来才能干成事情。"这是李培东自2014年当选村党支部书记以来最大的体会。近年来，村党支部深入推进民族团结进步创建"十进"活动，从组织领导、民主决策、制度创新、教育引导，到项目建设、投资入股、民生改善、生态治理等方面入手，处处体现民族团结进步，创造了多民族在乡村振兴中深度融合发展的样板。边麻沟村还常态化组织法治讲座、法律咨询、农民文化艺术周、农民运动会等活动，开展"好婆婆""好媳妇""十星级文明农户"评选，党建引领＋文明创建成为边麻沟村的民族团结的典型经验和重要特色。

四、奋斗来的幸福，美滋滋乐呵呵

边麻沟花海景区入口处有一面呈扇形状的花塑，上面用鲜花点缀着一行醒目的字：幸福像花儿一样。边麻沟人的幸福是村党支部一班人带着村民们艰苦奋斗出来的，是各民族村民长期团结进步的结晶，也只有这样的幸福才会坚实、稳固和持久的，才能让人觉得心里既踏实又美滋滋的。边麻沟村的人在通往幸福的大道上，坚韧执着，勇往直前，拧成一股绳，横下一条心，将那些沉睡的荒山荒坡打造成人人留恋的乡村"花海"，成就了大山的自然天成之美，也成就了村民田园风光诗意般的生活之美。

边麻沟人幸福满满的生活，着实让人羡慕，而李培东这时却有了满满的危机感。他已经深深意识到，这几年，青海许多农村到处都在搞"花海"，这样下去边麻沟村很快就没有多大优势了，同行业重复竞争，一定会走下坡路。他立志大力度升级创新，不仅要想在别人的前面，更要干在别人的前面，同时要有符合新清费群众的特色和业态，才能真正玩转乡村旅游。可山里人搞创新谈何容易。2021年3月，边麻沟村"花海庄园"的一则招聘启事，刷爆青海人的朋友圈，一个村庄竟然开出比城里一般企业还高的条件和待遇，引进那么多岗位的专业人才。村里招聘的岗位更是让人耳目一新，有网络营销员、采购员、综合服务部部长、游乐场管理员等，入职的福利包括免费培训、社会保险等。一批新招来的年轻人没有辜负村里的期望，真是敢想敢干，创意的业态花样不断出新，策划的第一个"电音节"，便让村里狠狠地火了一把。从外面来的游客足足有3000多人。在开演的那天晚上，所有的村民都大开眼界，几乎颠覆了认知。李培东不无感慨地说："有了稳定发展的基础，有了适合自身发展的产业，让村民们过上更加富裕的生活，只是时间问题。"这两年边麻沟村人赚钱的速度已超过前十年的总和，尝到奋斗带来幸福生活的村民们更清楚，只有不懈的艰苦奋斗，生活才会更加甜蜜。

展望新的发展征程，李培东满怀信心地介绍，一是坚持产业兴村，发展壮大村集体经济和种养优势特色产业，增加村集体收益和村民收入。二是按照实际需求有针对性地开展技能培训，特别是农家乐、餐饮、舞蹈等与乡村旅游结合密切的专业，提高村民经营管理和服务水平，打造精品民宿，驱动乡村旅游提质增效，进一步激发乡村内生发展动力。三是继续开展招商引资工作，结合花海旅游优势资源，吸引一批旅游设施的投资，推进旅游景点项目提档升级，增强景点的影响力和吸引力。四是继续开展绿化造林，补植花草，保护好自然生态，加大人居环境整治力度，紧紧依托田园风光、生态山水等资源，建设美丽乡村风景带，打造优美的生态宜居环境。五是充分利用微信、客户端等自媒体和新媒体，多维度进行宣传推

介,进一步提升"花海庄园"乡村旅游品牌的知名度,吸引更多的游客来观光旅游,为村民通过旅游业增收致富提供更多的便利条件。

征途漫漫,唯有奋斗。边麻沟村火了,成了四面八方慕名而来的网红打卡点。可是,李培东和村"两委"成员却并没有在这火热中欣欣自喜,他们正快马加鞭,迈开更加坚定的创新脚步,带领村民们朝着更加幸福美满的生活愿景快速奔跑。

代村：中国式乡村现代化的成功样本

千顷花海，香飘四溢，竹林水岸，风景醉人。2024 年 9 月 13 日，笔者再次来到这个被誉为"新型农村集体经济样板村"的代村，几乎认不出 5 年前初次来的模样。漫步村间小道，一排排"小洋楼"整齐划一，沿街商铺林立，农展中心、农展广场、华夏菜园、中国知青村、沂蒙老街、印象代村、代村村史馆、沂蒙山农耕博物馆、兰陵国家农业公园（兰陵省级农业科技园）、湿地涵养区、大田风光区等农文旅景区，不一而足、目不暇接。这里，集农业旅游、古村落旅游、红色旅游、工业旅游等于一体，是综合性国家 4A 级景区。

20年前,代村还是一个村集体负债380多万元,法院传票126件的"落后村"。21世纪初开始,特别是党的十八大以来,代村在党支部书记王传喜的带领下,践行"绿水青山就是金山银山"理念,坚持"实施旧村改造升级,逐步实现居民楼房化、土地经营集体化、农业发展产业化",以建设生态和谐家园为目标,通过土地流转、环境整治、产业发展、招商引资等一系列举措,实施大刀阔斧的改革创新,策划落地了兰陵国家农业公园、全国绿色食品一二三产业融合发展示范园、省级现代农业产业园、省级农业科技园、省级农业高科技园区等一批事关全村长远发展项目,构建"四园一区"一体共建、融合发展的国家级旅游庄园,走出一条中国式乡村现代化的代村之路,成为乡村高质量发展的样板。目前,每年前往公园的游客百余万人,仅门票收入就达4000多万元。2023年,村集体经济总产值38亿元,村集体纯收入1.6亿元,村民人均纯收入7.2万元,走上了"强村富民、共同富裕"的新型集体化道路,成为乡村振兴的"领头雁"。代村先后荣获"全国文明村镇创建工作先进村镇""全国生态家园富民行动示范点""中国美丽休闲乡村"等荣誉称号,兰陵国家农业公园成为4A

级旅游景区。王传喜被授予"最美奋斗者""全国优秀共产党员""全国劳动模范""时代楷模"等荣誉称号。

一、让土地"生金流银",坚定迈开强村富民第一步

代村位于山东省兰陵县县城西南,始建于东晋时期,距今已有1700多年的悠久历史,村域面积3.6平方公里,938户3516人,现有统一经营权的流转土地达1万亩。1999年,长期在外经商办企业的王传喜,31岁临危受命,被选为村党支部书记、村委会主任。上任伊始,他就立志不负重托,要干出一番事业,实现代村集体经济发展,带领村民发家致富。他上任后干的第一件事就是带着村"两委"成员挨家挨户走访村民,与党员干部和村民拉家常、议发展,分析村庄"穷、脏、乱"原因,听取今后摆脱困境、强村富民的意见。经过深入调研,摸排出全村大大小小80多个问题,其中最集中最难啃的"硬骨头"是村里人地不均和分散经营。从1982年村里土地分配到户,此后的十几年,村里的土地并没有随着村民们出生、去世和嫁娶而调整,导致土地分配不均,村民屡屡上访。王传喜下定决心要先解决这个问题。经过一番反复斟酌后,提出重新分地,村干部却连连反对,村民也议论纷纷,甚至有人将石头扔到他家里,恐吓信也接连而至。面对阻力,王传喜一边走法律程序,一边耐心做群众工作。2000年夏,王传喜带领村"两委"研究制定并组织实施土地调整方案,逐家逐户落实地块。刚开始时,前一天晚上打了桩,第二天早上就被村民拔掉。为了做通群众工作,土地调整期间,村干部和村民小组成员吃住都在地里,一边是看护好木桩,一边是与周边反映意见的群众讲发展道理。通过艰难细致的群策群力,近万个木桩竖起来了,土地调整步入正轨。调整后的土地承包方案为,一户两块田,一块好点的,一块差点的,所有村民实行抓阄选地,很快便顺利完成了土地重新分配。谈起这项改革,王传喜十分感慨,他说:"老百姓的工作好不好做,关键是看党员干部有没有公心,只要我们公平、公正、公开了,干的是一碗水端平的真事儿,就一定能把事干成。"

随后，王传喜又带领大家陆续开展了村财清理、资产盘点、治安整治、环境整治、村风整治等多个专项行动，代村的经济社会秩序渐渐有了好转，村容村貌一天天在变好。特别是在组织清理村集体账目上，谁都没想到村里的外债总额竟然达到386万元，这对一个小山村来讲，如同天文数字，简直就是摆在村"两委"面前的一座大山。上任两天后，王传喜就收到了法院的传票。之后一两年里，王传喜作为被告，先后出庭100余次。为解决债务问题，王传喜制定了"讲事实讲诚信，分期分批还款"的方针。他将村里的集体资源养猪场、养貂场、养牛场及干鲜果品市场等村办企业逐步盘活，第一年就将村级债务全部还清。为走出一条适合乡村实际、更加接地气的环境整治和乡村建设之路，早在2002年，代村就成立了集体所有的建筑队，规定村里的所有建设项目，一律不外包，全部由村建筑队自己干，收入归集体。自此以后，伴随着村庄社区、园区建设、代村商城等一系列项目的建设，建筑队不断壮大，业务也进一步扩大到装饰装潢。建筑公司下辖10个施工队，全村三分之一的劳动力从事该项产业，施工技术、建筑质量等方面达到了县内同行业最好水平。

土地顺利重新调整后，王传喜开始琢磨着如何在土地上做文章。在代村人看来，土地是最值钱的东西，不能轻易让村里的土地被城镇化淹没，而且要想方设法让其为村民们"生金流银"。他研究出台了"不转让一寸土地，不破坏一分耕地，不乱划一户宅基地"的强有力措施，推进土地流转、整理、开发。2002年，村"两委"按照依法、自愿、有偿原则，带领村民流转了2600亩土地，请来了专家，依据代村毗邻城区的特点，规划了"种植区、养殖区、加工区、商贸区、生态庭院区和村庄整体绿化网，在不同区域设有花卉园、果园、蔬菜园、良种示范园、农业观光园和全民健身乐带等"五园一带"，并实行集体统一经营，走上了发展现代农业的道路。紧接着，编制完成了《山东省苍山现代农业示范园总体规划》。2007年，与毗邻5个村的2200多家农户签订了土地流转协议，流转土地7000余亩。这时，村里统一经营的土地超过了1万亩，再加上国有农场2万亩土地，形成了3万亩土地的规模，高标准建起现代农业示范园，积极引进拥有现代装备、现代先进技术的企业和个人到园区落户，打造出花卉苗木生产、出口农产品、高档有机蔬菜、草莓生产等多个现代农业产业基地，推广"增产增效并重、良种良法配套、农机农艺结合、生产生态协调"的生产方式，形成了"展示与推广、质量与效益并存"的产业格局。园区内先后引进国内外蔬菜、花卉等作物新品种500多个，向周边镇村辐射推广面积62万亩。园区还应用互联网、物联网等先进技术，推动以果菜为主的农产品全部按照"三品一标"的要求，进行专业化、智能化、规模化生产。同时，他们还拓展到养奶牛、养猪、养水貂、养鱼等，建立了配套的饲料厂，代村的现代农业示范园成为集农业科技示范、种苗培育组培、产业孵化、休闲农业于一体的乡村联合体。

二、让园区迭代升级，全力打造农旅产业新业态

发展初期，代村把重点放在打造休闲观光农业上，开发建设了农田景观、竹林水岸、荷花湿地等自然风景，保护和挖掘沂蒙红色文化元素，发挥当地优质农产品资源优势，建设了主题党日馆、幸福家园馆、农业科技馆、华夏菜园等一批红色文化、村史文化和现代农耕文化教育基地，开展了农业科技互动、农事体验、休闲采摘等休闲旅游活动，还利用自产农产

品，开发"代村优品"，打造农文旅、游乐购一体发展的产业链条。同时，通过搭建多方共赢平台，逐步实现了农区、园区、公园、景区的升级迭代。在王传喜的带领下，党支部"一班人"团结带领党员群众，走出了一条以不断发展壮大村集体经济为支撑，以村民自主创业为主体，通过发展现代高科技农业和推动农文旅融合发展，实现强村富民、共同富裕的新型集体化道路，率先实现了脱贫致富、全面小康，成为乡村振兴的领头雁、排头兵。

进入新世纪以来，村"两委"一班人与时俱进，积极接受新的理念，在村集体经济不断发展壮大的基础上，成立了集体股份制企业山东新天地现代农业开发有限公司，实行现代企业管理制度，因时制宜、因地制宜，培育形成了建筑装饰业、现代农业、现代服务业、乡村旅游业四大优势产业。2010年，王传喜利用代村位于城乡接合部的优势，带领村"两委"一班人认真研究县内批发市场形势，抓住县政府计划将市场外迁的机遇，超前谋划，精心筹备，多方征求意见，建立代村商城。当年规划、当年建设、当年投入使用的代村商城一期，创造了惊人的"代村速度"。代村商城总规划占地面积1000亩，现已开发建设800亩，完成投资1.5亿元，建筑面积22万平方米，现有商铺3000多家，年交易额达到60亿多元，增加管理

人员就业岗位 200 多个，商贸物流服务业就业人员 1.2 万人，累计带动周边 12 个村、26000 余名农民创业就业，代村集体经济获得收入 4000 多万元。商城的发展，也让建筑装饰公司相伴而起、顺势发展，不断拓展产业融合的广度和深度，很快形成了以服务于园区基础设施建设、住宅建设装饰为主的设计施工支柱产业。

2012 年，经农业部和国家旅游局同意，全国第一个国家农业公园试点落户代村，该项目旨在建设国内农产品精深加工中心、农业装备制造中心、农业科研教育中心、农产品贸易物流中心，打造数字化、生态化、现代化农产品集中加工区，促进农村一二三产业和城乡融合发展，把园区打造成中国农业的"绿谷"。国家农业公园规划目标设想为：以兰陵现代农业示范园为主体，丰富完善农耕文化、农事体验、数字田园、创意农旅等方面产品和设施，不断增添休闲、研学和旅游观光元素，营造田园诗意、浪漫农旅的环境和氛围，走出兰陵现代农业示范园和兰陵国家农业公园共建、共享、共赢的高质量发展之路。国家农业公园总投资 10 亿元，规划建设占地 2 万亩，先期启动了现代农业示范园、兰陵国家农业公园的"双园"一体化开发建设，代村产业发展迎来井喷时代。2015 年，建了 4 万平方米沂蒙老街，集观赏游览、体验农艺、购物为一体。2017 年以来，建设了

3万平方米的场馆,有临沂农展馆、辉煌中国馆、幸福家园馆、中国知青村等。代村坚持"农业新路径,田园变公园"的发展思路,将传统农业与现代农业相结合,同时融入人文历史、农耕文明,生动展示了兰陵作为"中国蔬菜之乡""山东南菜园"的美丽画卷。截至目前,兰陵国家农业公园内设有蔬菜园艺馆、中华兰花馆、农业科技馆、华夏菜园、雨林王国等十大主题场馆,配套建设了农展中心、农展广场、锦绣兰陵、农科蔬苑、华夏菜园、沂蒙山农耕博物馆、雨林王国、竹林水岸、新天地游乐场、新天地生态酒店、银湖度假村、湿地涵养区、大田风光区等十几处产业中心,吸引了10家企业、6家专业合作社、200多个种养大户入园经营,创建了4个有机品牌、10个绿色食品品牌,实现了经济效益、生态效益和社会效益的多花齐放。同时,代村按照"农业4.0生态系统"打造农业科技馆,融入光伏补光、智能水肥一体化、生物物理病虫害防治、物联网平台智能调控等十多项新技术,不断推动发展现代农业新质生产力。兰陵国家农村公园连续承办了六届中国兰陵(苍山)国际蔬菜产业博览会,先后接待国内外游客数百万人次参加。同时,该公园也是山东省委党校的教育示范点、市级党员教育示范点,每年举办各类新型农民培训班200多期、10余万人次,培训党员近万人次。目前,代村产业已从当初的"少而小",发展为"多而精",产业涉及现代农业、乡村旅游、商贸物流、教育医疗、建筑装饰、节会展览等多个行业,是全国首个规模最大、功能最全的现代农业主题公园。

三、让村民安居享福,不断建立完善福利保障体系

农旅产业、商城商贸和建筑业发展起来后,王传喜便开始张罗改善村民居住环境和条件。早年,虽然村里一片破败,但真正开始旧村改造更新时,大部分村民就想不通,坚决反对。王传喜决定先安置后拆迁,制定了"评估补偿、低价安置、按需分配"的拆迁政策。村民也慢慢从一开始的"不愿意改",到"同意改",再到"催着村委改"的转变。代村用了近

10年时间，分6批次，让全部村民上了楼，还节省出600多亩建设用地，实现了零占地、零违章、零投诉。在整个旧村改造过程中，王传喜尊重村民意愿，坚持小步快走、循序渐进、逢山开路、遇水架桥、见招拆招，按照既定的村庄建设规划坚定不移地往前推。到2014年，全村完成拆迁面积达20万平方米，新建30万平方米，建成了村民联排别墅58幢、小康楼170座，老年公寓2处，村民回迁率达百分之百，家家通上了水、电、气和数字网络，村道全部实现了硬化、绿化、亮化、美化，村里小学、幼儿园、卫生院、老年活动中心、便民服务中心、妇女儿童活动中心、村民公共浴池、公共食堂、文化广场等公共服务设施一应俱全，村民居住区实现了"五化""八通"，统一物业管理，污水和垃圾集中处理，一时间往日脏乱差的村庄面貌一新，让村民们真正地过上了市民的生活。

代村在发展壮大集体经济的过程中，坚持以产业为支撑、以村民为主体，发展的梦想村民共筑，发展的成果村民共享，走出一条强村富民康庄大道。旧村改造完成后，村里便立即制订实行了16项社会保障政策，由村集体全额出资为全体村民免费提供基本食物保障；全村60岁以上老人免费住进村里建设的老年公寓，并按月享受"老年优待金"；村民百分百参加"新农合""新农保"，大病救助金在1万元至10万元范围内，报销总额达到百分之七十；为全体村民发放住房补贴，2006年以来村集体为此支付了8000多万元；实行奖学金制度，对初中以上就读的村民子女，每年发给2000元的"助学金"，对高考进入本科线的村民子女，其中进入十大名校的发给5万元的奖学金，进入其他985、211高校的奖学金为2万元，进入二本线的奖学金1万元，进入三本线的奖学金6000元。仅民生保障，每年支出费用就达2000余万元。全村有劳动能力的村民实现百分之百在家门口就业，做到人人有工资收入，家家有集体分红。村集体每一个产业的发展，都会让村民最大限度地参与。村里每次上大的项目，都会发动村民融资入股。代村的新天地现代农业开发有限公司是村集体的股份制公司，全体村民都持有公司股份，是公司的主人，他们积极参与民主管理，在公司里有多种就业形式可供选择，代村社区管理服务团队、代村商城服务团队、示范园区的服务团队、建筑装饰业里团队等，都是村民的主打职业。通过坚持不懈地发展壮大集体经济，代村真正实现了村强民富，村民的物质生活、精神生活越来越有质量，幸福感、获得感不断提升。

四、携手邻村连片发展，着力建设现代农民共享城

2018年3月8日，习近平总书记在参加全国"两会"山东代表团审议时，点名表扬了代村党支部书记王传喜。这让王传喜有了满满的动力，更有了沉重的压力。这一年，王传喜反复调研论证，提出建设"田园新城"，项目规划用地20平方公里，覆盖代村周边12个村庄和一个国有农场，集中力量打造一个"亦城亦乡亦园，宜居宜业宜游"的幸福之城。"田园新城"通过成立联合党委的形式，把代村党组织的力量注入更多的村庄，达到整合周边资源，改善农旅大环境，辐射和带动周边村发展，带动周边村

2.6万余名农民实现共同富裕。联合党委坚持"党建引领、产业带动、城乡融合、共同富裕"的思路,全力打造城乡融合创新发展先行区、共同富裕示范区、推动经济、人才、生态、教育、医疗等资源的多元共享。在联合党委的负责统筹下,修路资金很快得到解决,前期资金由代村先行垫出,又将省里拨付的"美丽乡村"项目资金整合进来进行合理规划、统一组织实施。现在,一条条柏油马路连接各村之间,"田园新城"项目也在如火如荼地进行中,园区已入驻企业、科研单位20多家。经过5年多的努力,"田园新城"落地的项目开始逐步产生效益,12个村的集体经济收入平均为增收31万元,村民年人均收入增加5000元左右,累计安置就业创业10000余人。"这是我们代村和周边12个村庄新的经济增长点和重要发展机遇,我们准备将田园新城打造成为既有完备的城市功能,又保持田园水系风光的希望之城。周边村庄的老百姓可以在此安居乐业,帮助他们增加收入。"王传喜介绍。

2019年,代村开始着手建设"农业企业园""印象代村""新农人培训中心"等三个项目,依托现有资源打造新的增长点。农业企业园规划占地2万亩,投资8亿元,2020年4月动工建设,当年11月农业企业园农产品深加工和农业装备制造区投入运营,入园企业16家,完成投资45亿元,

实现了农文旅商多业态融合发展。印象代村总投资 2 亿元，规划占地 100 亩，已建成了新天地礼宾楼、民俗区、村史馆、小吃区、百货区等 9 大功能区域，并配套建设景观绿化及道路工程，成为沂蒙老街的升级版，为繁荣夜间经济作了探索性尝试，形成了"成熟商业圈""历史文化圈""休闲娱乐圈"。项目当年年底投入运营以来，全国 400 多家各地特色美食汇聚代村，平均每天客流量在 2 万人左右，已成为新的网红打卡点。同时，通过提质扩容增收行动，改造提升了 2000 多间代村商城店铺，扩建 50 余亩建材区，新建了 2000 平方米粮油大卖场，增加了 300 多个商铺，新增就业 2000 人，实现村集体和商户双丰收。"新农人培训中心"作为兰陵国家农业公园乡村振兴改造提升项目的重要组成部分，规划占地 150 亩，一期开发建设占地 70 亩，建筑面积 50000 平方米，建有教学楼、综合楼、餐厅、学员公寓等，总投资 2.6 亿元，依托代村和兰陵国家农业公园的独特优势，面向山东全省乃至全国培养新型农民，同时推广、展示农业高科技成果，为农村培养造就一批懂农业、爱农村、爱农民的"三农"工作者队伍。

"我们争取用三五年时间，打造集'生产、生活、生态'于一体的农业之城、产业之城、农民之城，打造全国乡村振兴先行区、样板区。"王传喜说，目前田园新城规划内的"农产品精深加工和装备制造""新农人培训中心""农村电商中心"等项目已基本建成，15000 亩高标准农田和徐皇路片区高效农业项目已投入生产，大部分项目已成功运营，一二三产业融合发展的产业集群将会更加壮大，一幅宜居宜业宜游的新时代"清明上河图"正在沂蒙革命老区描绘成型。日前，《2021 世界旅游联盟——旅游助力乡村振兴案例》发布，代村发展案例成功入选，成为旅游助力乡村振兴的"世界样板"。

培斜村：党建领航，奏响"富民强村"振兴曲

培斜村地处龙岩市新罗区西部，是闽西苏区革命基点村。这里因海拔高、气温低，只能种植单季稻。改革开放前，培斜村集体经济收入曾经不足 5000 元，人均年收入低于 1000 元，是出了名的贫困村。全村 235 户 726 人，党员 50 名。1996 年开始，在村党支部书记华锦先的带领下，村民们团结奋斗，按照村党支部研究确定的"文化旅游、生态工贸、创意培斜"的发展定位，立足区位条件和生态资源优势，结合创建绿盈乡村，推进美丽家园建设和特色产业优化升级。近年来，培斜村竹器加工、茶叶种植、乡村旅游、电子商务"四大引擎"多轮驰动，应用"互联网+"助力一二三产业融合发展，实现了从"竹器村""淘宝村"到"生态旅游村"的三级跳，村级集体经济不断壮大，村容村貌焕然一新，百姓生活富裕和谐，基层风气向上向善，闯出了一条"支部谋发展、党员争示范、群众齐参与"的党建引领、富民强村之路。笔者于 2021 年 9 月、2023 年 6 月两次到访培斜村，华锦先书记向我们详细介绍了村庄发展的路径和未来的发展方向，陪同参观调研了村里的竹制品加工厂、竹业博物馆、研学文旅基地等，他那坚韧不拔带领苏区村民共同致富的初心、意志和魄力，让我十分钦佩，他的乡村振兴的理念和思路使我深受启发和教益。

如今，在华锦先书记和村"两委"的带领下，经过全体村民的不懈奋斗，培斜村拥有各类大小企业 40 家，其中竹制品加工厂 28 家，茶叶加工厂 4 家，其他企业 8 家，2021 年全村社会总产值近 3.8 亿元，村集体经济

收入130万元，农民人均年收入3.02万元。全村八成以上的村民拥有培斜乡村旅游的股份，真正实现了"人人是股东，户户有分红"的共富局面。培斜村先后获得"全国文明村""中国特色村""中国美丽休闲乡村""全国民主法治示范村""全国乡村旅游重点村""全国一村一品示范村""国家级森林乡村"等荣誉称号。村党支部书记华锦先光荣当选为党的二十大代表，先后获得全国劳动模范、福建省"优秀共产党员"、"美丽乡村领头人""全国乡村文化和旅游能人"等荣誉。

一、立足村情，专注打造竹茶产业链

培斜村平均海拔680米，属低丘陵台地、亚热带季风气候区，夏凉无酷暑，冬暖无严寒。村庄四周群山环抱，整个地形呈南高北低，东西高、中间低形态，村庄中部有一条河流，风景优美。山上树种以格氏栲、香樟、闽楠、马尾松、枫树、桐树、毛竹等为主，森林茂密，沟深水清。据专家考证，这里是闽、粤、赣、浙、湘区域中为数不多且距离中心城市较近的原始森林。全村共有林地1.5758万亩，生态公益林1.1566万亩，耕地860亩，森林覆盖率达83.7%。

早在1993年,华锦先看到市场上竹凉席销售不错,便四处探访了解生产经营情况,当他意识到这产业有奔头时,很快下了决心,自筹3万元办起培斜村第一家竹凉席加工厂,并实现了当年投产当年盈利。村民们见此有利可图,很快依模画样,两三年间办起几十家竹席厂。1996年,华锦先当选村党支部书记后,带领村"两委"组织动员党员群众,将村里63家竹席厂联合起来,成立了竹凉席有限公司,采取"公司+农户"模式,实行"五统一"(统一原料、统一规格、统一质量、统一办证、统一销售)管理制度,全面制定竹席业发展规划,明确"创品牌、拓市场、讲质量、上规模"奋斗目标,不断引导村民对竹席产业进行更新换代,促进竹业进一步发展,使竹席产业从20世纪90年代初一直红火至今。2003年初,根据市场消费者需求,组织了新产品开发,将原先的麻将席改为竹条席,竹产业实现从纯手工向机械化推进,订单快速增加,生产规模不断扩大,2008年新建标准化厂房2万平方米,2009年培斜"天然牌"竹凉席商标荣获福建省著名商标。竹产品从最开始的竹凉席加工,到现在增加到竹篮、竹盒、竹玩具、竹家具、竹工艺品等,各类日常生活竹制品琳琅满目,各式竹工艺品异彩纷呈。村里的竹席产品不仅销往全国各地,而且远销新加坡、马来西亚、印尼等东南亚国家。据统计,2020年全村竹制品年产值达1.7亿元,较大地辐射带动了周边县乡的劳动力就业和经济发展。

在竹产业蓬勃发展的同时,培斜村的茶产业也悄然兴起。村党支部根据当地的山地和气候条件,分析了原有茶山的品种和质量,找到当地茶产业发展困境的症结,决定引进优质铁观音、丹桂等茶苗,引导党员带动村民种植并加工无公害高山茶,统一申请注册"小池牌"商标。目前全村种植茶叶面积1500多亩,茶叶年总产值达1500多万元。为更好地服务茶农和茶厂,村里成立茶叶协会和茶业专业合作社,将从事茶叶种植、加工、销售的茶农和茶商组织起来,加强培训和引导,千方百计提升茶叶品质和价格,并统一打造"小池"茶品牌,拓展营销渠道,增加茶农收入。

在长期的探索实践中，村党支部创新总结出"党支部＋合作社＋农户＋协会"的运营模式。村里先后成立了天然竹业、生态农业、茶产业等 5 家专业合作社，吸收 320 余名村民作为社员。在实际运作中，实行党建引领，职能明确，分工落实。村党支部负责收集梳理产业发展需求、市场销售信息、村民生产中要解决的问题等，并尽可能及时研究回应；合作社负责"统一技术培训、统一物资供应、统一经营管理、统一市场销售"；农户从事竹产品加工、茶叶种植制作和销售；协会负责行业规划、市场对接、品牌营销等。目前，合作社经营范围涉及竹制品、茶叶、虫草花、竹木工艺品等，实现竹茶旅多元推进，线上线下融合发展，促进村集体经济不断壮大，村民稳步增收致富。近年来，培斜村发挥培斜"天然牌"竹凉席、"小池牌"茶叶、"龙岩培斜淘宝村"等品牌影响力，精心打造特色优势产业，2020 年 11 月被农业农村部评为全国"一村一品"示范村。

二、盯紧市场，捷足先登"福建淘宝第一村"

2013 年，华锦先敏锐地捕捉到农村淘宝的商机，带领村"两委"动员思维活跃、熟悉网络的年轻党员、大学生，开设淘宝实体店。在他的组织带领下，村里很快建起了一条可容纳 100 家商户的淘宝街，并推出一系列招商优惠举措，鼓励大家采取"网店＋实体店"的经营模式。2021 年 1 月 16 日，华锦先在接受《人民日报》记者采访时说："吸引在外年轻人、大学毕业生回乡创业，我们还推出免一年租金、免费统一制作店牌、货架和店铺装修，货源由村委会担保，厂家先供货后收款等优惠措施，收到了很好的效果。"电商把竹产品生产的全过程和丰富多彩的品类，通过线上展示呈现给客户，并与客户保持顺畅互动，不仅拓宽了销路，也倒逼了产业升级。随着品牌影响力的不断扩大和市场营销的持续发力，培斜村的竹加工产品从比较单一的竹凉席、竹窗帘发展到竹茶杯、竹烟灰缸、竹壶等竹系列工艺品，淘宝街的经营范围也随之拓面升级，除了主打竹产品系列，还扩展到茶叶、虫草花、汽车用品、创意 DIY 杯子、床上用品、化妆品、服装、竹木工艺品等诸多销售领域。笔者来到淘宝街，恰好见到"80后"的赖健伟正在直播，他一边对着手机推介着货架上的商品，一边熟练地对接网络订单，尽管已过了竹凉席销售旺季，但他的网店生意依然不错。他向我们介绍说，以往我们的销售渠道主要是通过批发商，中间环节多，利润较低，而且销后服务脱节情况经常有，与消费者沟通不畅，消费者没少花钱，却得不到及时周到的服务，意见全集中到厂家。在村"两委"的动员鼓励下，赖健伟辞去工厂的工作，返乡搞电商，一年多经营下，他的淘宝店业务不错，"这里的竹产品等很受顾客欢迎，销路挺好，资金回笼快，卖价也不错，开店的收入比工厂好得多"。

要想得到"中国淘宝村"的称号，必须至少具备两个条件，一是全村网店销售总额要超过1000万元，二是全村开设的网店数量要高于居民户数的10%。2013年8月阿里研究中心发布的"中国淘宝村"现状调研报告显示："培斜村作为目前在国内已经形成的14个大型的'淘宝村'之一，2013年在淘宝网、天猫上的销售额就达5000多万元，是福建省唯一一个大型'淘宝村'。"2014年12月，培斜村在连续两届中国淘宝村高峰论坛上被阿里研究中心、中国社会科学院信息化研究中心授予"中国淘宝村"荣誉称号。据统计，2020年培斜村电商销售额突破1亿元，淘宝业和竹席产业相得益彰，促进了当地农产品尤其是竹席产业的销售和发展。

三、售卖风景，阔步走上强村富民振兴路

"我们村自然环境优美，特别是村南边的九溪庐拥有8000亩原始森林。"华锦先说，如何让好风景有"钱景"，大家都没少动脑筋。2013年，经村"两委"、村民代表、党员代表会议讨论研究，决定发展乡村生态旅游产业，依托当地良好的自然资源和九溪庐原始森林生态优势，开发培斜乡村游和九溪庐生态旅游，打造培斜福海龙乡旅游景区。思路有了，想法也很现实，可资金哪里来？村里很快成立了生态乡村旅游专业合作社和龙岩市福海龙乡旅游发展有限公司，开发培斜乡村游和九溪庐生态旅游，积

极探索"合作社+基地+公司+农户"的运作模式，实行村财投入、村民入股、社会经济能人"三三制"股权结构，三方面筹集建设资金，通过"全村参与、自愿入股"的形式，按照每户每人3000元的标准，动员村民认购入股，采取公司化经营模式，瞄准市场方向进行开发，重点打造九溪庐原始森林公园和培斜福海龙乡景区，范围覆盖整个培斜村，并鼓励村民个人出资或合股投资建设旅游项目。

2017年以来，村里开始开发研学体验文化旅游项目，先后打造了幸福长廊、五谷丰登、水果采摘、溪流漫步、九溪庐漂流、森林飞越、森林氧吧、林中漫步等以休闲观光为主题的景点，以及同心玻璃桥、滑草场、射击场、跑马场等研学体验、休闲娱乐项目。2020年以来，尽管受到疫情的影响，培斜村依然没有停下发展的步伐，新增了森林水乡、玻璃栈道、蹦极、彩虹冲浪等新鲜刺激的娱乐项目，吸引了四面八方的游客慕名前来游玩。村里还建起了全国首家村级竹博物馆、龙岩市竹产业展示展销馆，馆内展示有镇馆"三宝"，即世界上最大的竹椅、"帝王笋"、"子孙满堂"，馆里还展示了各种竹制品、竹加工先进工艺，赋予科普研学等功能。在溪流漫步长廊旁建有全国第二家、福建省首家人鸟互动园，以金太阳鹦鹉为主，园内还有孔雀、羊驼、袖珍猴、熊、海豹等动物。九溪庐景区主要由漂流、森林飞越、森林公园等板块组成，漂流总长3公里，落差320米，弱碱性水质、没有污染源，全程

漂流在树荫下进行，几乎晒不到太阳。2020年7月，"彩虹山"开门迎客，很快便成为网红打卡点；8月推出"丛林魔网"，吸引了众多亲子游家庭，瞬间人气爆棚；10月"步步惊心"上线，这一"最美空中步道"，让游客觉得刺激无比。2021年5月"山地滑车"上线，9月"沐光之城"开业，成为新的网红项目。

近两年，景区拓展研学项目开始红火，至今已接待研学团队百余批师生8万多名。省、市、区各大党校及福建古田党员干部教育（基地）培训中心先后在培斜建立了现场教学点，厦门大学、福州大学、龙岩学院等高校以及有关部门先后在培斜村建立了社会实践基地、新型职业农民培训基地、新的社会阶层培养实践基地、计划生育家庭"互联网＋"示范基地、青年就业创业示范基地、农村劳动力转移就业培训基地和中小学生研学实践教育基地等，研学成为培斜农文旅新品牌，促进旅游产业由观光游向休闲度假体验式特色乡村旅游的转型升级，让培斜村阔步走上了高质量发展新路子。2019年培斜村接待游客人数突破100万人次，2020因疫情影响仍有38万人次，营业收入突破4000万元。2020年8月，文化和旅游部、国家发改委授予培斜村全国乡村旅游重点村称号。

四、党建引领，持续激活内生发展动力

"实施党建富民强村工程，最根本、最关键的是要发挥好村党支部领

导核心作用。"华锦先深有体会地道出培斜村的发展要诀。一是把牢"思想之舵"。近年来，培斜村党支部组织全体党员围绕"不忘初心、牢记使命"主题，探索建立了以必修课、经济课、示范课、文化课、生态课等"五堂课"为抓手的"党建+"工作模式，不断突出思想作风建设在村党支部建设中的领导地位。二是筑牢"堡垒工程"。坚持在振兴路上高高扬起"红色旗帜"，把党的领导落实到村级组织建设、制度建设和干部队伍建设等各领域、各方面、各环节，增强领导班子的整体功能。村党支部采取"网格化＋党员联户"的"四包"责任制模式，帮助村民解决困难、助力致富创业、落实政策扶持、营造良好民风，让支部在乡村振兴中"唱主角"。村党支部用责任清单促进党员先锋模范作用的落实落细，想方设法搭平台、定岗位、压担子，严格选拔培养党员致富能手和家园建设标兵，实施党员挂钩结对帮带等措施，充分发挥了党建引作用。全村52名党员冲锋在前，示范带动群众就业创业增收，有效推动了美丽家园共建共享，全村形成"党员带头、示范引领、共同致富"的良好发展格局。目前，全村党员挂钩全部农户和村民，带动群众发展竹茶产业、开发乡村旅游、经营农村电商。三是发挥"示范表率"。村里急难险重的事情，党员干部走在前头，义无反顾，做村民群众的表率，在推进工作难度较大的"两治一拆"行动中，全体党员先从自己家下手，清理空心房、裸房和房前屋后环境，完成清理后，很快带动了群众主动参与，高标准、高效率实现了村庄美化、绿化、亮化目标，全村绿化覆盖率达95%，三格化粪池改造率达100%，建成人工湿地污水处理站，人居环境实现提档升级，被评为"全省农村家园清洁行动示范村"。

引导群众主动参与、集合创业内生动力，这是培斜村强村富民的成功实践。培斜村党支部坚持把村民主体、村民参与、村民受益、村民共享、共同富裕，作为推进乡村振兴出发点和落脚点，发挥当地山林资源得天独厚优势，依托竹茶产业链和淘宝村新营销，推进生态农业、加工业与农文旅深度融合，放大乡村旅游带来的产业集聚功能，引领全体村民自愿入股培斜福海龙乡旅游发展有限公司，聚力打造集吃、住、行、游、娱、购于一体的国家 3A 级景区，形成了"生产、生态、生活"三生相融、"产业、文化、旅游"功能叠加的乡村旅游新高地。目前，通过竹席厂上班、提供旅游服务、电商创业等方式，80%以上村民实现了在家门口就业，收入稳定可靠。超过九成的村民拥有股份，基本实现了"人人是股东，户户有分红"的共富局面。

不断完善乡村治理，着力改善民生和改善民风，为培斜村的发展打好了底子、凝聚了合力。村党支部充分发挥战斗堡垒的凝聚作用，对村级各类组织和各项工作的统一领导，全力推进了人居环境整治工程，实施公共服务设施提升工程，每年村财增收部分的 60% 主要用于村庄环境建设改造，遵循"不搞大拆大建，保留农村原始特色"的原则，完善基础设施建设，同时实施"精细化"长效管理。党员带头进行"两治一拆"，做好全村房前屋后美化、绿化、亮化工程。全村累计投入 1800 万元，建设圆峰寺、幸福院、阔石花海研学基地、停车场、农家书屋、老年活动中心、卫生所、

小溪炉龙岩县苏维埃革命旧址修复、10座公厕等项目，改造提升"四好农村路"19.88公里。实施城乡一体化垃圾和污水处理体系，不断美化环境，宜居路上点亮"绿色生活"。2020年12月被福建省生态环境厅评为福建省第一批高级版"绿盈乡村"，2021年7月被福建省气象学会评为首批"气候康养福地"。通过一系列发展举措的持续发力，培斜村实现了美丽宜居、绿色产业和乡村农文旅业态的进一步融合，实现了高质量发展的新跨越。

"村里新引进的酒庄项目计划今年底建成投用，同时还将发展培训产业，搞好民宿经济。"华锦先说。如今的培斜村，德熙威士忌一期工程已接近完工，沉缸—威士忌工贸旅游综合体板块、福海龙乡生态旅游板块和九溪庐生态康养板块等乡村游三大板块陆续完善，高质量发展的新动能正在蓄势而发。2021年新罗区乡村文化旅游节在培斜村开幕，培斜乡村游品牌高调打响，一张闽西革命苏区乡村全域游的"金字"名片正在吸引越来越多的游客前来观光体验。2022年10月底，华锦先参加了党的二十大回到村里后，便紧锣密鼓组织党员干部学习贯彻党的二十大精神，带领村民制订了《新罗区培斜村高质量发展推进"红土共富"行动方案》，谋划逐步打造中医药膳一条街、中草药种植园区；推进竹茶加工、农村电商、乡村旅游"三产融合"发展体系更加完善；深入打造生态游、体验游、康养游等旅游线路；筹划民宿规模村建设，积极推进全村旅游产业高质量发展，打造集"吃住行游购娱"为一体的知名景区。作为来自农村最基层的党的二十大代表，华锦先始终把培斜村的发展和村民共同富裕放在心上，不敢有丝毫的怠慢，践行着为村民服务的初心和承诺，在乡村振兴的道路上继续追梦前行。

中国普洱茶第一村：老班章"古树生津""舌底鸣泉"

"泉眼无声惜细流，树阴照水爱晴柔"，有人借用这个诗句来形容老班章普洱树茶王的细腻柔软、生津涌泉，经过这次在勐海的品尝之旅，我深有同感。以前我喝过几泡普洱茶，但真不知道有个老班章，确实孤陋寡闻。2024年10月19日至22日，应好朋友胡永、若人、阿扬和助理茶师若珍的邀请，笔者同新农人陈滔和表姑小薛老师来到西双版纳勐海县，探访被誉为普洱茶核心区的老班章，一路茶旅，真让我大开眼界。

从西双版纳机场到勐海县，大约一个小时。开车的唐师傅是这里土生土长的汉族小伙子，应该是父辈从小在这里经商就迁来的，一路上他饶有兴趣地向我们介绍了在当地的生活经历，老班章神秘的面纱，在我们谈笑风生中徐徐展开。到了阿扬的勐海源山茶业公司，几位老朋友用他们认为最好的几泡老班章生普迎候我们，阿扬的姨夫和姨姨跟我们讲述了他们20多年深耕勐海商界、涉足老班章普洱茶行业的传奇故事，傣族姑娘小玉展示她的茶艺，还细说普洱茶文化。这可是我第一次喝生普，也是第一次与傣族姑娘零距离交流，小玉甜美爽朗的笑容、清澈柔软的声调，伴随着的美妙绝伦的茶道艺术，与屋内芬芳清雅的淡淡茶香浑然一体，让我们仿佛陶醉在一场"交响芭蕾"的歌舞剧之中。我以前只知道有熟普，真不知道有生普，而且总感觉熟普有点发霉的味道，品质难辨，这次可让我长了见识，好好普及了一把普洱茶的常识。

据相关资料记载，西双版纳在东汉时期已有产茶历史，唐宋时期就有滇藏茶马交易，明朝中期交易最盛。阿扬向我们介绍，西双版纳茶区主要分为勐海、勐腊两大板块，勐海茶区又分为布朗、贺开、帕沙、南糯、勐宋、曼糯、巴达、南峤几个区域。布朗山位于勐海县东南部中缅边界，距勐海县城约70公里，总面积1016平方公里，古茶园面积9505亩，是古茶树保留较多的地区之一。布朗山乡共下辖7个村，古树茶主要分布在东部的班章、南部的勐昂、西部的新龙、西北部的吉良4个村。布朗茶区包括了老班章、新班章、老曼峨、坝卡囡、坝卡竜、卫东、班盆、广别、勐班、曼诺、章家三队、曼新竜、吉良等寨子。布朗山茶总体茶性阳刚、香气醇厚、滋味浓酽、生津强烈、回甘持久。基本特点为"东甜、西香、南苦、北绵"。

说起普洱茶，自然聊到"班章五寨"和"冰岛五寨"，普洱茶中有两大"王牌"，即老班章和冰岛，有人说老班章茶是普洱茶中的"皇帝"，冰岛是普洱茶中的"皇后"。而我的感觉则是，应该把冰岛茶比作普洱中的少女，清纯细腻、甘甜淡雅，而老班章则像少妇，醇厚香浓、韵味十足。冰岛村是云南双江县著名的古代产茶村，位于北纬23度附近，被称作"太

阳转身的地方"，海拔1700—1800米，光照充足，是勐库大叶种的发源地。冰岛五寨包括冰岛村下辖的冰岛老寨、南坡寨、地界寨、坝歪寨和糯伍寨5个村民小组，这里以盛产冰岛大叶种茶而闻名，冰岛茶色泽绿润、条索紧结、口感甜润、茶气柔和，具有清新的花香和果香。经过一番交流探讨和分析比较，我们选择老班章作为这次茶旅的主要考察点。

来到勐海的第二天一大早，我们迫不及待地前往老班章，来到中国普洱茶第一村，登上了海拔一千七百多米的茶山，阿扬和村里的茶农兴致盎然地向我们介绍着山坡上最年长的一片古茶树，村里的茶农将每棵珍贵的茶树都挂上标签，注明了树龄和特征，还修建了观光道和观景区，方便游客和茶商参观和拍照。

我们兴致勃勃察看了几个茶山后，来到老班章村民小美家，在她家豪

宅大厅里，见识了这里的制茶设备和制茶流程。小美用哈尼族人特有的热情和地道的当地特色美食招待我们，让我们领略到哈尼族的风土人情。午餐后，小美带我们逐一参观了她家的几间大茶室，并在一间最豪华的茶空间献上了今年新上市的普洱春茶和秋茶，一边行云流水般地表演着她的茶艺，一边津津乐道地向我们道说着普洱茶文化。她那优雅如诗的温杯、投茶、冲泡、盖杯、出汤、分茶、呈茶过程，如同舞者随着美丽的旋律在空中轻歌曼舞，犹如一幅流动的山水画卷，让我们深深感受到茶艺术的韵味和美感，也感受到茶文化的无穷魅力。

班章村位于云南省西双版纳勐海县布朗东北边，面积166.74平方公里，海拔1500米，年平均气温18—21℃，年降水量1374毫米，适宜种植水稻、茶叶等农作物。全村林地15630亩，耕地5816亩，人均耕地2.44亩；全村农户514户，人口2428人，全部从事农业生产，农民收入主要以种植业、畜牧业为主。班章村有5个寨子，老班章是5个寨子中最为古老的寨子，它和新班章寨主要居住着哈尼族，而老曼娥寨则是布朗族的主要居住

地，曼糯寨以傣族为主，曼岗寨则以哈尼族为主。班章村的5个寨子不仅产世界级的普洱茶，还承载着深厚的历史文化和民族风情。有人曾这样点评这5个茶寨子：老班章是老茶村的历史见证者，新班章是茶文化的传承者，老曼娥是茶山自然山水的守护者，曼糯是普洱茶的摇篮，曼岗则是茶与生活的完美融合。这样说虽不一定准确，但也从某个角度道出了她们的特征。我们在行程的第二天上午，也来到被称作全球古茶第一村的曼糯村，在南糯山古茶树林中，一对茶农夫妻在自己木质茶居的露营小广场上，让我们享受到茶山特有的午餐和她们家自制的古树茶，出于好奇和感动，我一下子买下6大袋带回来分享朋友。

老班章，这个在公元1476年由哈尼族先祖迁徙而来、与当地布朗族先民共同生活的老寨子，如今仍保留着许多古老的茶文化故事。这里的茶园地处海拔1600米以上，千年的原生态植被、有机质含量高的土壤以及充足的阳光，孕育了茶质好、茶气足、山野气韵强的老班章普洱茶。村里目前拥有7044亩古茶园、73269株古茶树，其中300年以上的古茶树有上千棵，被誉为"班章王"，成为顶级普洱茶的代表。二十多年前，老班章

还是云南省最不起眼的小山村，因山头阻挡、森林覆盖，交通十分不便，一户人家年收入不足 1000 元。直到 2002 年，政府修通了老班章村通往外界的村路，这才结束了千百年来老班章人与世隔绝的历史。自此，秘藏深山的小寨子崭露头角，这里的树叶子一下子泛出了闪闪金光。因普洱茶产业的迅速发展，一个百来户人家的小村子，2014 年全村总收入高达上亿元，成了每户收入 500 万元都不算富的"土豪村"。

　　老班章的茶树历史悠久，以其特别的口感、香气和功效而闻名于世，被誉为"茶中之王"。阿扬津津乐道地向我们介绍了老班章普洱茶的鲜明特点，老班章茶是标准的大叶种茶，条索粗壮，芽头肥壮且多绒毛，这些特点使得老班章茶在外观上便与众不同；同时她具有强烈的山野气韵，嗅散茶和茶饼时，可以感受到突显的古树茶特有之香，香型似乎在兰花香与花蜜香之间，令人陶醉；她的香气很强，不仅茶汤中香气四溢，叶底和杯底也都能嗅到，而且杯底留香比一般古树茶更强更长久；她的苦涩退化很快，一分钟左右就转而回甘，这种独特的口感让人回味无穷。在普洱茶行业内外，老班章这个名字无疑是一个金字招牌。正是由于老班章茶的珍贵和稀有，从2002年开始，其价格一路飙升，成为普洱茶市场中的佼佼者。尤其是近年来，随着普洱茶市场的不断升温，老班章茶的价格更是水涨船高，成为收藏家和投资者们的宠儿。

基于对老班章普洱茶这一独特魅力的深度考量，在当地乡党委、政府和班章村"两委"乡村振兴举措和招商引资政策的引领下，在与当地广大茶农的长期交往合作中结下深厚情谊的基础上，福建一批批茶农、茶企、茶商、茶文化人纷纷把重点业务转向勐海，开始布局布朗山，着力深耕老班章，源山公司、八马茶业、华祥苑等一批著名"老茶人"和茶品牌，在这里开启了新的"茶道人生"。2021年，华祥苑和胡润研究院在西双版纳签订全球战略合作伙伴协议，联手打造"中国的华祥苑，世界的老班章"，力求将老班章推向世界。从2021年开始，八马茶业加快布局普洱茶领域，并与云南省农业科学院茶叶研究所共同成立信记号年份普洱茶研究中心，进一步为古茶树科学保护和采摘提供科技赋能。

在福建众多茶企中，源山公司的创办团队对老班章古茶树情有独钟，2000年捷足先登普洱茶市场，2004年开始深入探索普洱茶源头，他们踏遍

老班章产区每一个山头，逐一察看细品每棵古茶树，精选优质原料，结合传统工艺和现代科技，从鲜叶的采摘标准到加工工艺，与当地茶农联手不断摸索，终于开发出一套属于源山自己的普洱茶制作工艺，打造出一款款口感独特、品质卓越的老班章普洱茶。2008年，源山团队与当地茶农经过多年的合作探索，建立了"源头保护、原料保真、市场共拓、利益共享"的合作体系。2013年开始，源山公司在老班章普洱核心区向当地茶农承包大片古茶山，开始拥有了自己的古茶园。2014年后投建六个初制所（位于布朗山、勐宋、中缅边境），目前拥有六个古茶树基地，约1000亩古茶山。源山团队始终坚信"好茶源自深山"的核心理念，致力于以自有古树茶园为基础，配以初制所、加工厂、专业仓储四个方面创新打造普洱茶产业链，精心创立自己的特色品牌，为国内外客商提供原料供应和个性化定制服务。

天时、地利，加上人和，诸多要素的广泛聚合，让老班章村民迅速富裕起来了，富得声名鹊起，富得有了点土豪气，有的开始追求盖大洋楼，个别村民还随意违建，有的滋长奢侈现象，有的采取拉横幅、放飞无人机等做虚假宣传，还出现了赌博和邻里矛盾纠纷等问题。班章村"两委"深刻认识到这些问题的严重性和危害性，清醒地意识到"口袋富不算富，脑袋富才真正富"，必须从苗头和源头上扼制这些现象。布朗山乡党委副书记何江涛曾这样说过："富裕村怎样才能变模范？一招一式一举一动，都是在破解乡村振兴'成长的烦恼'。"85后的老班章党支部书记杨春平深有感触地告诉前来参观学习的客人："富裕村里的村干部也不好当，各家都有钱了，单是服众就挺难，很可能操心费力不讨好。"他是土生土长的老班章人，以前在农村信用社工作，是村里首个大学生，2017年回村服务村民。他认为，在全面推进乡村振兴过程中，一个模范村就是一个"风向标"，辐射带动作用强，典型示范意义大。所以，近几年班章村党总支紧紧围绕勐海县"三个示范县"定位，坚持以党建引领促进全村发展，聚焦基层组织建设、共谋现代化产业发展、厚植生态文明建设，让茶产业成为班章村群众增收致富的重要支柱，谱写乡村振兴新篇章。他们通过打好

"时间牌""生态牌""增收牌"等多种措施，激活集体经济发展动力。先后推出了"强组织、重规划、兴产业、淳乡风"为主题的一系列举措和活动，村干部带头行动、带头执行、带头示范，收到了较好效果。

班章村"两委"组织村民认真学习贯彻勐海县《关于保护古茶山和古茶树资源意见》，加大力度保护古茶山，打造"绿色品牌"，加强引导群众科学采摘，对危及古茶山和古茶树资源的行为，一律依规严惩；坚持绿色生态兴茶，对茶山实施无农药生态化管理，发现茶山使用化肥、打农药的行为，以每棵500元处罚违约金，所使用农药的地块一律不得种植茶叶，违者将限期责令铲除；持续壮大集体经济，全面摸清村集体资产、资源和资金，将村里的"茶王树"收归集体管理，将土地、门面出租，还建起了参观古茶园的木栈道，让"沉睡资产"变为"增收活水"，实现村集体经济增收200万元左右；实施"公司＋基地＋农户"紧密合作模式，引进茶企、茶商、茶文化人，村企干群同心协力，共同打造老班章茶叶品牌，使老班章干毛茶价格从2004年前约80元/公斤提升到2023年约8000元/公斤，村民每户年均收入从曾经的不足万元到如今的200多万元；村里用来招待客人喝的茶叶，是来自各家各户的"百家茶"，他们称之为"村民团结集百味"；同时，教育村民摒弃"读书不富论"，重视孩子教育，全村已走出30多名大学生。

近几年来，老班章作为以茶兴村的示范村寨，还着力抓了三件大事：一是大力度实施村庄规划建设。翻看老班章村的规划效果图，一个功能完善、秩序井然、文化味浓的民族村寨跃然纸上。规划突出当地特色文化，广泛吸纳村民意见，注重"几上几下"反复沟通，既考虑村民当前生产生活需要，又为村寨长远发展立下规矩，也让村民对未来充满期待。在规划实施过程中，既着力高标准建设、精细化管理和严格的空间管制、建筑退让，又注重周边环境整治和微景观打造，同时树立问题导向，坚决制止违建滥建，干部带头表率、带头动真碰硬，使村建得到顺利推进。二是全面实施村庄示范提升工程。动员党员干部、群众主动拆除影响村容村貌的围墙、彩钢瓦等建筑物和构筑物12000平方米，全村村民参与义务植树20000余棵；利用乡村振兴专项债资金投入4152万元，建设老班章

乡村振兴"两山"理论实践创新中心；布朗山乡政府投资1000万元以班章村人居环境提升、景点景观打造、农民持续增收为切入点谋划建设一批项目，推动老班章村成为一个具有世界影响力的普洱茶文化旅游胜地。三是建设老班章乡村振兴示范园。勐海县政府申请专项债券4亿元用于示范园项目建设，内容包括水肥一体化喷灌示范茶园建设、茶叶初制所建设、普洱茶生态观光示范基地、绿色食品品牌会客中心（普洱茶科普文博馆）、低碳示范区、品牌植入和标准体系建设、RCEP区域（勐海县）合作展示中心、勐海县茶产业大数据中心建设、勐海普洱茶电商基地建设等。目前，整个项目正在全力推进中，部分项目已基本竣工，建成后将使勐海普洱茶基地和普洱茶品牌现代化建设实现新的跨越，老班章古树生津、舌底鸣泉将成为茶产业新质生产力的时代特征。

如今，老班章村的茶产业不仅带动了本村的经济发展，还带动了周边村镇的茶文旅融合发展，老班章已成为一个集茶文化、民族文化、生态旅游、休闲养生、康养保健为一体的综合性旅游景区，越来越多的游客前来这里休闲、度假、体验，品味普洱茶，感受布朗族的独特魅力。老班章村民的豪宅和洋楼也办成了茶商、茶文化人的客栈、民宿和小酒馆，茶加工、包装和仓储全产业链快速拓展，茶科技、文创和研学等相关业态如雨后春笋拔地而起，前来茶庄品茶、茶山淘宝、茶园体验、自然观光的游客纷至

沓来，近两三年来共计接待游客10万余人次，昔日藏在深山里的贫穷小山村，成了举世闻名、令人羡慕的网红村。

布朗山乡领导向我们介绍，老班章"以茶兴村、茶旅融合"的乡村振兴样本，也是整个布朗山乡发展的缩影。近年来，布朗山乡党委按照习近平总书记在福建武夷山考察提出来的"茶文化、茶科技、茶产业"三茶统筹的指示精神，找准发展方向，强化茶产业在乡村振兴中的支柱产业地位，保护古茶树，传承、弘扬普洱茶文化和"哈尼文化"，引进茶科研机构和人才，推进科技兴茶，加强对茶农科技培训，推广有机生态茶园建设，守住24余万亩茶园面积不增加的底线，依托现有的20余万亩班章村生态茶资源，在引进大益茶厂、陈升茶厂、七彩云南等优质茶加工企业的基础上，继续招商引资，促进著名茶品牌企业入驻，不断提升茶叶加工品质，坚持只做好茶，从源头上保证茶原料生态优质。同时，积极探索茶文旅融合发展模式，立足生态资源和少数民族传统文化资源优势，挖掘文化旅游潜力，打造班章五寨乡村振兴示范园、千亩茶园景观、卫东百丈崖瀑布等旅游环线，打造"茶香布朗"大品牌，奋力构建生态良好、环境优美、文化浓郁、宜居宜业的现代化边境乡镇。

十家子村：返乡青年打造农村电商新天地

动员大学生和外出务工的年轻人回村创业，是当下乡村振兴、特别是人才振兴的关键。在我国的一些乡村，特别是偏远山村，村庄里能找到几个年轻人留下来干活，算是十分难得的事，而要找回 20 多名大学毕业的专业人才在村里创一番事业，在十多年前，那一定是个新鲜事。辽宁省朝阳县木头城子镇的十家子村，在吸引青年返乡和支持返乡青年创业方面，走上了一条成功之路，做出了榜样。十家子村全村人口 2343 人，过去由于种植业生产单一，村民常年"面朝黄土背朝天"，收入很低，青壮年劳动力大多外出务工。近年来，村党支部立足村庄的自然资源条件和优势，谋划发展思路和产业振兴路径，利用亲情、乡情招商引智，千方百计吸引大学生抱团返乡创业，并以电子商务为突破口，培育做大新营销业态，创新打造"互联网+种植基地+深加工基地+合作社+实体店"的发展模式，推动当地小米、小麦、葵花、葡萄、苹果等农产品全产业链发展，走上了乡村高质量发展的小康之路。2020 年 3 月，他们的经验被农业农村部列入全国乡村产业高质量发展"十大典型"。

一、动员大学生女儿返乡创业，父女两代人共圆山村共富梦

进入 21 世纪以来，十家子村走出去的大学生越来越多，然而几乎没有人愿意毕业后回到村里发展或从外地返乡创业。2015 年，村里的小姑娘王颖从吉林大学法律专业毕业，像同龄大学生一样，她也想过留在城里，一度准备报考公检法系统公务员。但王颖的父母却有不同的想法，父亲王

久文为了劝女儿返乡创业，与妻子一起对女儿反复做动员工作。"家乡在发展，需要你这样有能力、有想法的年轻人。如果你们学成后，都去大城市谋求个人发展，谁来带领家乡人致富呢？一个人致富不是富，大家都富才是富，不如你就留在家乡吧，把你所学的知识用在咱家乡，带领大伙儿一起往前走。"父亲的一番劝说，让王颖许久陷入深思。"既然父亲当年都能为了带领全村人致富回来当村支书，我为什么不能放弃进大城市的机会，回来为家乡做一份贡献呢？"在父母的动员下，特别是在父亲带领村民们兴村致富的精神和行动感染下，王颖毅然决定回到村里，开启了自己的创业征程。王久文是村里有名的拼命三郎，年轻时和妻子韩秀兰一起为生活打拼，干农活、制冰棍、卖土特产，农村的苦差事样样都做过，两口子任劳任怨，守信经营，生意上顺风顺水。2007年，在事业有了一番成就后，被乡亲们选出来当上了村党支部书记。村民们对他说："你有本事自己富，能不能也想想法子让大家都富起来，大伙儿都盼着过好日子。"面对村民们的殷切期盼，王久文把生意上的事大部分交给妻子打理，自己则把主要精力放在村里。他带领村"两委"成员共同努力，引领以王颖为领头羊的一批20多人大学生返乡创业团队，通过创新发展带动村民致富，十家子村从2007年人均年收入不足3000元的贫困村，一跃成为2020年人均年收入1.5万元、远近闻名的富裕村。

从考上大学、走出家乡的那一刻起，王颖就怀揣帮助家乡父老种出好产品、创出好品牌、卖出好价钱的想法。在校期间，她学习了农业创新知识，寒暑假在家乡考察产业资源，还经常向父亲提些发展农村电商的好建议。十家子村地理位置优越、交通发达，有蔚蓝的天空、清澈的溪流、一望无际的麦田和玉米。这里的土壤肥沃且没有污染，种植的蔬菜、水果和各种农作物是纯天然绿色食品。王颖常想，现在人们生活水平提高，不但要吃得饱，更要吃得好，天然生态食品未来发展空间一定会很大，家乡的农产品就是一个亟待挖掘的大宝藏。王颖通过实地调研发现，木头城子镇有很多特色农产品，但是长期以来都是农民以散户或者合作社进行实地销售，销售模式落后，所获收益有限。她萌生出打造一个电商平台的念头，想通过线上平台把家乡生产的绿色无公害特色农产品销售到各个城市，让更多城市居民享受健康美食的同时，还能为父老乡亲增加一份可观稳定的收入。因此，王颖回村干的第一件事，就是成立了朝阳县新发永业电子商务有限公司，并很快着手组建起创业团队，开始像父亲当时说服她一样去说服她的同龄人，向他们发出邀请并逐个动员。正是她自己带了一个好头，在她的影响和村党支部的支持帮助下，在随后几年里，先后有20多名大学生积极返乡，共同创办合作社。

在回村创业的日子里，王颖几乎没有一个完整的休息日，可困难和挫折一个没少碰上。她需要补充太多的知识，如何从源头上保障产品质量、如何加强财务管理和成本核算、如何打造品牌和扩大市场营销，什么东西都得从头学起。而她遇到的最大挫折和压力是2017年，电子商务公司线下店扩大营业面积，准备从试营业进入正式营业，王颖和父母决定搞一个庆典。在筹备过程中，母亲韩秀兰从县里赶往村里时，开车途经冬天积雪的盘山道路，路滑翻车受了重伤，被送往医院抢救。王颖父亲既要做好村里的事又要照顾母亲，因过度劳累也生病住进了另一家医院。家里、村里、公司里的事接踵而来，每件都得及时认真处理。她回忆说："那段时间正在申报农业部创业项目，以前填报表格、提交资料都是我妈负责，我主要抓产品质量和销售，这些事没经手过。但我告诉自己，妈妈住院了，事情不能耽搁。"这段时间里，王颖经销的产品从生产到销售不减反增。到2020年初，新冠肺炎疫情的阴霾弥漫全国，王颖的线上电商进行得如火如荼，深受客户欢迎。经过这些年的打拼，王颖的事业取得有了长足的发展，个人也先后获得第三批全国农村创新创业优秀带头人、全国妇联创业带头人等荣誉称号。

正当王颖事业蒸蒸日上的时候，父亲再次来到她身边，这一次父亲是以党支部书记的身份来做她的思想工作，想让她扛起村党支部书记的重任，带领村民共同致富。这个突然落下的重担，王颖的第一反应很茫然，并很快拒绝了："我觉得我管理一个企业就可以，从来没有想过担任村支书。这工作，太不容易了。"她知道，父亲当村支书这些年，太艰难了。本来他可以待在县城的家里，照应一下走上轨道的企业，过轻松的城市生活，但他把大部分时间和精力都放在村里的发展上。王颖深有感触，这些年母亲为了支持父亲，付出了很多，不仅要肩负起父亲企业发展的担子，还和父亲一起在村里县城两头跑，村里谁家现金周转不开，她都自掏腰包帮人解燃眉之急，村里孤寡老人冬天取暖的煤，都是她母亲帮着拉回来，一家家送。她意识到，当了村支书后，时间就不再属于自己，村里大事小情都得操心，责任太大了。她还是个小年轻，踏入社会时间还不长，对村庄事无巨细的繁杂工作，根本没做好思想准备。但是，最终她还是从父亲的手里接过接力棒，勇敢地带领乡亲们在乡村振兴的大道上继续前行。

二、做强"村姑进城"电商品牌，打造农村电商+新业态

王颖创业之初，正值电商蜂拥而起阶段，卖农产品的电商公司很多，如何让顾客相信你的产品天然生态可靠，她动了不少脑筋。经过一番琢磨，她认为，必须让产品有足够的影响力，必须创立自己的品牌，必须从源头开始把控产品生态安全，同时做到数字化、可视化，让顾客参与进来，增加用户黏度和忠诚度。因此，以她头像为标识的品牌"村姑进城"便应运而生。她迅速注册商标，在网上搭建社群，五百人的微信群建立几十个，通过微信群推介自己品牌产品生产经营中的绿色生态工艺、不同产品的品质、品相和包装，很快得到了消费者认可，日销售额近万元。顾客对生态健康食品的渴望和需求，让王颖看到了电商的前景和未来发展希望。她更坚定了前行的信心，开始奋力研究市场和客户，跑生产基地，下电商门店，整天兴致勃勃地冲到一线，自己干销售做客服，随时记录顾客的需求和建议，力争把"村姑进城"品牌打响。

随后，王颖办起了"村姑进城"商学院，每天晚上 6 点钟都会邀请村民前来直播，努力将村民生产的豆腐皮、有机小米、杂粮、葵花籽油等特色农产品，通过网店推介源源不断地销往全国各地。"咱们农民代言自己的产品更接地气。"王颖说，他们还把直播间搬到葡萄大棚去，让全国各地的网友直观地看到他们的种植基地，看看有机葡萄是怎么种出来的。王颖还与沈阳农业大学等大专院校和科研院所合作，开发母婴食品等系列产品，拓展农产品深加工，培育创立了"朝阳格格""蛮妞""晶脂"等知名品牌。王颖时常高兴地向客人介绍说，以前种出来愁卖不出去，现在水果没落地就收到了钱，老百姓种植的积极性更高了。她先后在辽宁朝阳、上海等地开设线下实体体验店，与淘宝等网络零售平台对接，形成了"线下体验、网上下单、云仓发货"的电商平台运营机制，打通了农产品进城入市的销售渠道，产品顺利销往全国各地。公司还与绅士科技（天津）有

限公司达成合作关系,把销售扩展到京津冀市场,并在淘宝、拼多多、小程序、村姑进城官方网站等运营销售,实现了线上和线下的完美结合,年收入达到200多万元,净利润达到100多万元。

"村姑进城"品牌靠着对客户的深度了解和售后的暖心服务,很快赢得了一批又一批忠实粉丝。"同一块土地出产的农产品质量差别不大,差异化主要是细节与服务。"王颖说,"比如小米包装的黏合口,我们试了又试,最终确定在一个位置上,方便用户使用,还不易撒漏。我们卖出一个产品,售后服务都主动问询产品是否出现损坏。我们一向倡导,让客户给我们反映情况,不如我们主动去问询客户。小小的细节,会让客户心生暖意,我们很在意那种暖意。"王颖对客户的服务精细到每个细节,当她观察到团购社群里有一些准妈妈和全职妈妈,就针对这个群体推出免运费服务。王颖说:"我们做产品,一是要保证质量,另外还要有暖心服务,所有产品背后都是有温度的人。"她希望人们提起"村姑进城",就会想到绿色、健康、温暖。为了让"村姑进城"有更多人知道,王颖开启全国走访、考察、宣传的路演模式,一个人背着包,坐火车去南方各地洽谈业务,独自住店赶路,星夜兼程。王颖知道,她现在不仅仅代表她一个人,同时还是"村姑进城"的代言人,她的背后还有创业小伙伴,以及十家子村的村民们。

三、从乡土特产源头做起,创新全产业链发展模式

销售渠道的拓宽,让王颖更感质量和品牌的重要,她开始探索从生产源头到终端销售全产业链融合发展的路子,创立了"互联网+种植基地+深加工+实体店+品牌加盟"模式。为了保证食材可溯源,王颖决定流转村里土地,自己种植农产品。她兴致勃勃地回村里给乡亲们说自己的计划,可村民没一个人看好。她白天带上本子和他们深聊,记下一些主要数据,晚上回家核算成本,详细算出一亩地种玉米能收多少钱,种水果又可以收多少钱,怎样才能种出好价钱,等等。帮助村民理清基本账后,沟通洽谈

就顺畅多了，不少村民当即表示愿意加入。在村"两委"的支持下，王颖采取土地流转＋农民入股的方式，很快流转了1000亩土地，种植了以小米为主的杂粮类和小麦、葵花、葡萄、苹果等绿色农产品，并建设了农产品加工基地，还配套建设了5000平方米冷鲜库，形成了一家集种苗供给、培育种植、田间管理、成熟采收、仓储保鲜、加工生产、筛选包装、物流销售、跟踪服务等一体化的全产业链企业。

为尽快适应公司新的发展形势，王颖开始创新经营理念和经营机制，公司以农民合作社为核心，以发展经济作物种植为重点，以农业科技创新为根本支撑，实施高标准统一管理，坚持绿色生产，确保产地农产品可持续生产和市场差异化销售，保障产品源头的健康。公司还与一些大学和科研院所合作，吸引电商和农业科技人才返乡，建立起清洗、包装、分等分级标准，规范农产品初加工，健全物流配送体系，加之规模化、标准化的生产，让十家子村的电商产业走上快速路。在电商营销的拉动下，十家子村有近一半的土地都种上了市场旺销的经济作物，重点发展了优质葡萄等特色高端果蔬，建设了40个精品冷棚葡萄园，种植了油桃、小柿子等水果，还举办丰富多彩的采摘活动，推动了线下体验和销售，村民不但有了入

股分红，还有了务工收入。在王颖的推动下，村民在种植小麦的同时种上了向日葵，通过炸葵花籽油，每亩地能增收 3000—5000 元。王颖和她的团队还设计出小包装，推出"宝宝米"和"滋补金米"等新品种，让传统小米的价值翻倍。村里远近闻名的豆腐皮口感好，但不易运输和储存，团队很快研究出半熟状态抽真空包装，十家子村的豆腐皮成为市场上的抢手货。

小村姑，大梦想。2020 年底，随着京沈高铁开通，王颖又看到村里发展机遇，奈林皋站距离十家子村步行十分钟，从村头的动车站到北京朝阳北站仅仅需要一个多小时。王颖开始盘算着怎么做北京的生意，着手开发旅游资源，打造北京的菜篮子工程和后花园。王颖兴奋地规划着村里的未来："乡村振兴已经开启，我们可以做旅游休闲小镇，我们村是全国美丽乡村示范村，现在又有交通优势和绿色农产品特色，发展休闲小镇的报告已经申报到农业农村部，期待尽快获批。"王颖计划将村里的部分闲置农户打造成乡村特色民宿，让东北的传统民俗、体验性采摘、乡村休闲观光与朝阳的红山文化、佛教文化有机结合起来，打造成农文旅融合发展旅游目的地。在央视的一次采访中，王颖谈到未来发展时激动地说："目前，十家子村小米、葡萄、蔬菜等产业，处于快速发展阶段，结合京沈高铁等区位优势，计划建设物流产业园，开拓农产品交易市场，吸引更多批发商、采购商等参与到十家子村发展。引进精深加工生产设备，发展小米精深加工产品、果干、果茶等休闲健康食品，增加农产品的附加值。继续打造村姑进城、朝阳格格等品牌，以品牌深化消费者认知，同时发展休闲采摘等乡村休闲旅游，打造城市后花园，传递美食文化、家乡文化，为十家子村特色产业带来更多消费可能性。"

当被问到当公司老板与当村支书相比的感觉如何时，王颖深有感触地说："公司事情再忙，都是可衡量、看得见的，可村里的事，永远做不完，永远悬着一颗心，压力很大。"自从当上村支书，王颖的手机就没有关过，半夜有村民打电话反映情况，她也要连夜赶回去。"管理企业时，员工做得不好，我可以发脾气，可当村支书不行，因为面对的大部分人是长辈，永远要带着微笑，永远要低着头，因为你是为他们服务的。当村支书一定要能受得了委屈，要有度量。"处处都是考验，每一关都得跨过去，没有退路可言。凭着对家乡深深热爱和满满的乡土情怀，王颖始终焕发着一股青春活力和激情，她和她的"村姑进城"团队在乡村振兴的大道上勇往直前。我们期待和祝福90后的王颖继续迈向新的创业季，在乡村振兴的道路上一路领跑，再创佳绩。

"小毛驴"农场：
石嫣与她的CSA农业模式

当下做农业能赚钱吗？从海量数据和案例看，不确定性太大，种植业风险更大，这里有太多的复杂因素，有市场供求变化、品种品类、品质品相品牌、耕作技术工艺、包装运输等因素，还有土壤条件、气候变化、肥料和农药科学合理使用，以及政策补助等诸多影响，大多投资者和经营者都有"做农业太难啦"的感叹。这里，给大家介绍一个十分独特但又被广泛借鉴的案例——中国人民大学石嫣博士"社区支持农业种植模式"的成功实践，她的"小毛驴"农场，靠种地闯出一条高收入之路，诠释了什么叫农业经营新模式。

石嫣从小在城市长大，从来就没干过农活，甚至没在农村待过，更没想过会阴差阳错当了农民。石嫣的父母在农村插过队，由于当年留下了太多深刻记忆，她的父母经常给她讲在农村插队的故事，久而久之竟然让石嫣对农村有了憧憬。石嫣第一次接触农业，还是因为2002年她高考没考好，填报志愿时又不愿意低就，就考入了河北农业大学商学院，学习农林经济专业，父母很担心一个小女生将来毕业后被安排去哪种地。完成本科学业后，因为学习成绩优秀，石嫣进入中国人民大学农业与农村发展学院攻读硕士和博士学位，师从著名"三农"专家温铁军教授。这下，在她父母看来，女儿已经彻底脱离了农活，哪怕石嫣真的从事农业，那也是在大学当老师或在实验室里搞研究。但在温铁军老师的教导和影响下，石嫣一步步走上了当个新时代农民的"不归路"。

温铁军教授对农业农村农民问题有很深的研究，他坚持实地调研、亲身实践，经常带着学生进农村钻山沟下田地。有一年，温铁军带着石嫣等一批学生深入山东农村田间地头、走家入户实地调查，连续走了七十多个村庄。这次深入乡村的经历，给石嫣的内心产生了极大的触动，传统农业的艰难运营、留守农民的低收入状况、庄稼人的憨厚淳朴的乡土情怀，给她留下了深刻的印象，直接影响了她日后的职业生涯。更让她内心不平静的是当时农村和农业的现状，由于缺少科学指导，当地滥用农药化肥，造成严重农残，不但破坏了地力，影响了农产品的销售，更造成了食品安全问题，危及人民群众的生命健康。石嫣强烈希望找到解决农村问题的方法，这时，正巧遇上了从美国归来的一位老师给了她机会。这位人民大学老师在美国专门研究"社区支持农业"课题，回国前他与美国农业政策与贸易研究所达成该课题的延续合作计划，确定安排一名学生去美国亲身体验社区支持农业。石嫣得知后便迫不及待地参加申请，并意外地获得通过。

美国农业也曾经走过不少弯路，20世纪上半叶的很长一段时期，食品安全形势十分严峻，原材料腐败变质、加工环境脏乱差问题层出不穷，著名作家辛克莱专门写了一本小说《屠宰》描述食品行业乱象。据说，美国总统西奥多·罗斯福边吃早餐边看《屠宰》，被吓得连忙把手中的香肠扔掉。那时期，美国农场问题频出，因为大量使用农药和化肥，农业种植生态环境遭到严重破坏，农药残留超标、重金属污染等对食品安全和健康造成严重后果。后来，随着生物技术的快速发展，美国农业又出现了滥用激素和抗生素，更为令人费解和震惊的是，在当年，美国养猪业中使用瘦肉精竟然成为合法行为。而正是这个长达近百年的"化学农业"教训，使美国人似乎警醒过来，他们开始逐步从欧洲、日本等地引进了"社区支持农业"（CSA）模式。

2008年4月，石嫣来到美国后，被这种经营模式深深地震惊了，她竟然看到的是中国农村最原始的"村内自循环生态耕作模式"，所有农家肥由村内家禽家畜生产等情景，生产的食品除自给外直接卖给周边相关熟悉的乡亲邻里。CSA模式的本质上就是中国农村最传统种植模式的现代版，它让寻求安全食物的城市居民与寻求稳定客户群的农民，建立了合作、共享和共赢关系，双方一起承担农产品生产中的收益和风险。城市居民对食物的最底线要求就是生态、安全，这就必须对农业生产全过程有严格的标准，对农药、化肥等使用有强制性控制和监督。石嫣见习研究的美国明尼苏达州农场，就是"CSA"农场的典型模式。农场除了农场主夫妇外，只有三个实习生，精简而高效，但在有机环保概念贯彻上做到了极致，除了一台小型拖拉机，没有任何工程机械，大部分工作要靠人工完成。这种经营模式，也让作为实习生的石嫣吃尽了苦头，作物种植、制肥施肥、田地管理和农产品采摘、清洗、包装都要靠他们仅有的几个人手工完成。农场采用的是一种新型经营模式，完全不使用化肥、农药，这无疑增加了许多如拔草、防虫去虫、手工栽种等人工劳动。石嫣整天干的活就是坚持在田地里手工拔草，还得用手扒开土地、放入菜苗，再用手把土埋好。经过半年的劳动和学习，她掌握了CSA模式的全部内容，准备回国后找个地方大显身手。

2008年秋天石嫣回国，让父母十分不解的是，回国后她竟然决定继续去种地。很快，石嫣便在北京凤凰山脚下开办了自己的农场，取名"小毛驴"。将中国人民大学农业与农村发展学院在北京凤凰岭的一块200亩耕地，作为她的试验田，组建了一个团队，把在美国学到的生产经营模式引入试

验田，建成了中国第一个"社区支持农业"农场。后来又租赁了北京顺义区的一个设施农业农场和一个果园，种植和配送大棚蔬菜和杏、梨、桃等有机水果。社区支持农业，就是在生产端高度重视、严格遵循绿色生产理念的全过程贯彻，不采用任何化肥、农药、化学添加剂等人工化学合成材料，确保产品生态、健康、安全；在流通上，去中间环节，杜绝运输和流转中的产品化学保鲜；在消费端，直接打通社区客户，用户提前下订单，在种植之初预付生产者一年的生产费用，与生产端共担风险、共享收益，形成一种计划性、预期性、可控性、安全性很强的友好互助模式。

为了能更好地进行运营，石嫣直接住进了农场，不仅种菜、养猪，还想方设法从农场自身生产循环中解决肥料和消除病毒害问题，从而达到了一个天然有机的状态。石嫣认为，农业生产中的气候、温度、水肥、阳光、空气、土壤等情况至关重要，人在自然系统中既不是主宰也不是奴隶，而是一种以人为本的天地人友好和谐共处的共生态，人是主体，具有主观能动性和适应、遵循、改变自然自觉性。石嫣在农场里全力推广传统乡土工艺和"土法生产"，用豆粕和玉米手工研磨牲畜饲料，把次质的蔬菜水果用来喂猪，将牲畜粪便、废弃农作物用于沤肥和生产沼气，用麦麸作为食

堂里清洁餐具的洗洁品，用过的麦麸则会化作饲料和肥料。为了不断改良土壤，提高农作物产量和品质，农场坚持开展常态化轮作，同一片土地上种植的农作物种类每一两年就更换一次。

"小毛驴"产品刚进入市场，大家并不认可，但渐渐地也发现了其中的优势。21世纪初的头几年，国内曝出不少食品安全事件，石嫣的创业赶上了这个机遇。随着国民生活条件逐渐改善，大众开始更多地关注食品安全，追求绿色生态食品。而CSA生产经营模式，正好符合了这一需求，给了焦虑的城市居民一个有益的选择。石嫣主打有机食品和健康，第一年收到了近50个订单，而温铁军教授就是她的第一个客户。每周末，农场要给普通份额的客户们送菜，有劳动份额的客户可以在周末两天来自己的菜园劳作。这一模式可减少中间流通环节，让农人和消费者直接对接，较好地建立起互信关系，也有利于保留干净的土地、干净的蔬菜、干净的种子，让生产可持续化。如今，"小毛驴"农场的会员已经达到1000多户，年收入800万元左右。

"小毛驴"农场的成功实践，不断创新拓展出以下延伸产品：租赁农园。这是一种以市民分块承租种植为经营业态，多功能、三产化、休闲式的典型家庭微度假模式。市民在农园承租一块 30 平方米的农地，并预先支付一年菜地租金和农资费用。市民的蔬菜种植中所需的工具、种子、水、有机肥等农资和必要的技术指导等服务由农园提供，市民还可以参加农园组织的各类活动，如儿童教育、周末休闲、老人养生等。如果市民没有时间管理，可以委托"小毛驴"农园管理，多出来的费用由市民承担，按份额配送。"本地生产、本地消费"的产销共同体，让生产者和消费者直接对接。市民预先支付下一季蔬菜份额的全部费用，农场按照预定计划负责生产各种健康蔬菜和其他农产品（含畜禽肉蛋），并与物流公司合作，定期定量配送给市民家庭。小毛驴还推出农事体验活动。2011 年，开辟"田间学校"；2012 年，推出"亲子社区"；2014 年，开辟儿童乐园；2016 年，建设小动物乐园……通过与中小学校、城市社区、企事业单位、亲子教育机构合作进行农事体验。每年会组织各种农业节庆主题活动，导入和积累大量顾客。在此基础上，小毛驴进一步举办了农夫市集。2009 年，在"小毛驴"市民农园的组织、推动下，以小农场、小餐厅、手工作坊等为体验性农事活动载体，"小毛驴" 市民农园先后举办了开锄节、丰收节和全国

CSA 大会等，在全国 CSA 大会上，同场举办了北京地区的农夫市集和全国新农夫市集，吸引了众多农业教育机构、生态环保组织等社会团体积极参与，这些活动，都让小毛驴在 CSA 行业内有了话语权和影响力。

2008 年，小毛驴建园之初，王颖邀请了台湾著名生态建筑师谢英俊带领的"乡村建筑工作室"团队，对小毛驴生态农场的进行规划设计。2008 年 10 月，开始与韩国赵汉珪地球村自然农业研究院、吉林延边自然农业研究所等机构合作。随着 CSA 农场的成功，石嫣开始在全国宣传推广 CSA 模式，将自己探索创新总结出来的理念、模式和实践经验，毫无保留地向同行推介，还经常到农村田间地头实地指导，深受新农人欢迎。最多时她一年进行上百场讲座，全国 20 多万户家庭、20 多万亩土地上的农民受到她的"生态农业"模式的影响。石嫣先后参加了上百场国际会议，走访了数十个国家，学习传播 CSA 模式，在社会生态农业领域内，她开始有了较大的国际影响力。

2015 年 9 月 13 日，石嫣被选为全国农业战线十名先进代表之一，参加"互联网 + 现代农业"座谈会。同年 11 月，在北京市顺义区举办的第六届国际社区支持农业大会暨第七届国际社会农业大会上，石嫣被选为大会执行主席。2018 年，石嫣成为联合国粮农组织国际农业创新大会组委会委员，获得 2018 年度女性社会企业家奖，还被授予全国巾帼建功标兵、北京市有突出贡献的农村实用人才等十几个称号。在石嫣看来，荣誉只是过往心血和汗水的结晶，而她真正追求的却是在农业创新实践中闯出一条新路，让农业更生态、可体验、有乐趣、能赚钱、可持续，她的梦想就是让"小而美"的有机农场成为未来中国农业发展的一个模式，让越来越多的农民走上致富道路，"让农民成为一个人人羡慕的职业"。现在，已有近千名新农人在石嫣的培训和影响下，回到自己的家乡，创办起各具特色的农场，让祖祖辈辈耕作的土地焕发新的生机，成为农村农业高质量发展中的一道最靓丽的风景线。

打造世界最美乡村中国版：乡村振兴的婺源模式及其价值

在中国乡村文旅的美誉度和人气榜中，婺源自20世纪90年代至今一直以其独特的魅力名列前茅，受到国内外广大游客的青睐和业界人士的盛赞，成为中国首个"国家乡村旅游度假实验区"，2023年全县共接待游客2620.3万人次，实现旅游综合收入256.8亿元。先后被国家旅游局授予"中国旅游强县""全国旅游标准化示范县""全国低碳旅游试验区""全国休闲农业与乡村旅游示范县""中国生态旅游大县""国家级文化与生态旅游县"等荣誉称号。2024年8月22日至24日，笔者慕名来到婺源，学习考察乡村农、文、旅产业发展，实地走访了篁岭村、江湾村、李坑村、石门村和婺女洲等乡村文旅发展精品示范村景区和产业园，领略了这里的自然山水之美，感悟到这里乡村文旅创新发展之用心和独到，受益良多，感慨颇深，思绪万千。

一、从自然人文景观传播引流到全域旅游品牌打造

婺源县位于江西省东北部，与皖、浙两省交界，得名于唐开元二十八年（740），以当地婺水源头而名。也是古徽州一府六县之一。全县土地面积2947平方公里，下辖16个乡（镇）、1个街道办事处、171个行政村、21个居委会，总人口36万人。地处我国黄金旅游圈的腹地，周边有著名旅游胜地庐山、黄山、九华山、武夷山、三清山、龙虎山、景德镇、鄱阳湖、千岛湖等，得天独厚的地理优势和高度集聚的区域旅游资源要素，让婺源

发展乡村文旅度假有了深厚的基因。婺源历史上一直隶属于安徽省，1934年划为江西管辖（1947—1949年曾回归安徽），这里的乡村多为徽派建筑，至今仍保存较好的明清时代中国传统古村落30多个，中国历史文化名村7个，全县各级非遗项目52个，其中国家级"非遗"6项。婺源素有"书乡"美誉，是朱熹和詹天佑故里，历史上出了552名进士。自20世纪90年代以来，在上饶市委、市政府和婺源县委、县政府的高度重视下，婺源旅游业呈现快速的发展势头，经历了零散自发的古村落观光游、成群涌入的观油菜花季节游、"诗与远方"的乡愁版旅居度假游三个阶段，独特的自然景观、深厚的历史文化底蕴和匠心独运的文创打造，让婺源这个石耳山脉下的山城乡墅的游客人气持续爆棚，形成了独特的乡村旅游发展的婺源模式。目前，婺源获评全国唯一一个以整县命名的国家3A级景区，拥有国家5A级景区1个、4A级景区13个，是全国拥有4A级以上景区最多的县，先后获得30多张"国字号"金牌名片，游客接待人次连续12年位居江西省之首。婺源以其独特的历史、文化和建筑风貌，被誉为"中国最美的乡村"，从昔日一个以农业为主导产业的山区县跃身为中国乡村旅游一颗耀眼的"明星"。

婺源的乡村文旅最早源于古村落和山水风光采风，早在20世纪90年代，婺源就因其优美独特的乡村自然风光和古民居吸引了东南沿海的驴友、摄影家前来观光摄影，这批专业摄影师成为婺源最初的传播者。其中包括香港著名的摄影家陈复礼先生，他创作的《天上人间》获得了国际摄影大赛金奖。通过《天上人间》等一系列摄影师的作品，婺源的秀美风光为全国乃至世界惊叹，吸引了各地游客纷至沓来。当时的婺源，对城里人来说，简直就是周末和节假日放飞自己的人间天堂，秀丽的山川、清澈的河流、天然氧吧、乡村土菜，以及承载着深厚历史文化底蕴的古村落、丰富多彩的历史文化遗产，让他们既饱了眼福又饱了口福，还能强健身体、治愈心灵。一时，这里被称为人生必达的全球50个旅游目的地。许多村口只要挂个牌子，就是一个景区；村民在家里只要多摆上两张对外营业的餐桌，就是一家农家乐。当时的江湾、李坑、晓起、汪口、思溪、延村等一批古村落景区应运而生。开发这些景区的业主，既有家庭个体、私企，也有村集体、各类合作社，还有县、乡政府的文旅公司，他们各显其能，消费市场强力引领着他们，以无比的激情和冲动，跑马圈地般的布局业态，构成了婺源乡村旅游蓬勃发展的初始格局。当时，县里组织打造了百佳摄影点，形成了三条摄影旅游线路，每年接待摄影团游客百万人次以上，当地农民通过开农家乐、民宿和当摄影模特发家致富。

1. "到婺源看油菜花"，把婺源带上了农业+旅游时代，全域旅游品牌应运而生。 "八分半山一分田，半分水路和庄园"，婺源全县耕地32万亩，林地378万亩，茶园20.5万亩，其中油菜花种植面积超过10万亩。婺源的油菜花种植主要集中在乡村和梯田上，与白墙灰瓦的徽派建筑形成鲜明对比，构成了一幅美丽的田园画卷。每年春季，油菜花盛开，吸引了大批游客前来观赏。特别是从2000年开始，越来越多的人被婺源独特的油

菜花景观和乡村风情所吸引，蜂拥而至前来观光。婺源县抓住机遇，引进社会资本合作，成立婺源篁岭文旅股份有限公司，负责投资开发运营，从2009年开始历时五年打造了篁岭景区，主打以"晒秋"为主题的高端度假乡居品牌。篁岭古村建村至今已有580余年历史，坐落在平均三十多度的陡峭山坡上，地无三尺平，丰收的农作物无处晾晒，智慧的先民便在各家各户楼上搭建晒杆晒台，用圆圆的晒匾晾晒红辣椒、黄玉米、金稻谷，从而形成了"篁岭晒秋"的农俗。篁岭文旅公司开发者敏锐发现了这一普通农俗的旅游价值，依托古村落，营造了"篁岭晒秋""梯田花海""鲜花小镇""花溪水街"等体验场景，被网友誉为"最美乡愁体验地"，成为婺源旅游的新地标，也开启了婺源度假旅游的新时代。优美的自然景色搭配"篁岭晒秋"的人文景观，为婺源吸引了大量游客。每年春天，婺源20万亩油菜花绽放，为大地绣上金毯。江岭、篁岭的水墨梯田景观成为网红打卡地。石城、长溪等地的红枫在深秋时节也会迎来无数粉丝。还有夏天的荷花，秋天的皇菊，都是深受游客青睐的田园风光。如今，婺源油菜花已经成为春季旅游的一个重要品牌，吸引了大量国内外游客。看油菜花成为婺源春季旅游的全国性黄金主题。婺源县通过营造晒秋景观、开发创意晒秋、申报非遗、组织游客体验"晒秋"，不断打造提升这一景区IP的内涵。旅游业也带动了整个第三产业的勃兴，拉动了第一产业农产品的畅销，拉动了第二产业旅游商品加工业的快速崛起。农业走出新路，农产品成为旅游商品，茶、梨、茶油、皇菊，面向游客畅销。策应"采摘游"热潮，婺源农民开发葡萄、草莓、杨梅、蓝莓等休闲采摘基地60余处。2013年，全县实现旅游综合收入64.7亿元，旅游业增加值占全县GDP的41.07%。

2. 挖掘历史文化内涵，开发文创新业态，打造乡愁旅居型度假游升级版。 婺源有12个全国民俗文化村，13个省级历史文化名村，其中理坑、汪口、延村、虹关、思溪等5个村还被评为"国家历史文化名村"。这个时期，为了解决游客的审美疲劳，增强游客的深度体验，延长游客的逗留时间，婺源县再放"大招"破局，请来了中国实景演出的创始人梅帅元，创作摄制了一部以古徽州文化为背景的山水实景剧——《梦里老家》，推出后很快引爆旅游夜市场，成为婺源文旅必看的演出节目。随后又拍摄了《遇见·婺源》，在婺女洲度假区常态化演出，很好地丰富了游客的夜生活。尝到甜头后，婺源进一步对徽州文化进行深度挖掘，积极探索旅游演艺的常态化经营，建设了梦里老家演艺小镇，让游客在小镇看演出、听故事、学技艺、玩穿越、住民宿，感受徽州文化的独特魅力。其间，有一百多部影视剧在婺源摄制，其中著名的有《聊斋》《青花》《暖》《集结号》《大瓷商》《致青春》《我不是潘金莲》等。影视拍摄业的常态化、文创剧目的定制式播出，扩大了婺源的知名度；而剧组人员的食、宿、行和群众演员的聘请，带来景区的网红热度和美誉度，也增加了当地村民的收入。随后，婺源又推出了国际乡村旅游文化节，举办了茶文化节、纪念朱子诞辰活动、赏枫文化旅游节、油菜花旅游文化节等等，文化对乡村旅游赋能走到了新的高度，注入了强劲活力。

二、从村民自觉、市场主导到政府超前出招引领破局

婺源乡村旅游业起步于 1993 年，经过三十多年的发展，已逐步形成了"县域全面打造、业态全面兴旺、队伍全面壮大、保障全面落实、效益全面提升"的"五个全面"旅游发展模式，走出了一条独具特色的全域乡村旅游高质量发展之路，从一个藏在偏僻深山里的贫穷村落群发展成为全国知名旅游胜地和网红打卡地。

大力度推进全域乡村旅游基础设施和生态环境改造提升工程。婺源初期阶段的乡村游，基本上源于市场需求和村民自发，一批批摄影爱好者和驴友踩出了早期旅游线路，村民为满足游客需求，发展了农家乐和民宿。1993 年是婺源乡村游的起步年，当年接待游客 2.64 万人次，全域旅游收入 53.4 万元。到了 20 世纪 90 年代后期，婺源开始以"中国最美的乡村"为主题，逐步打出了独具个性的旅游品牌。随着游客的不断涌入，与之相配套的旅游基础设施和接待体系亟待完善提升，县政府适时筹集大量资金投

入与景区和乡村游相关的公共设施发展，仅旅游公路建设就投入2亿多元，建设和改造乡村（景区）公路810公里，京福高铁贯穿而过，婺源到达上海、杭州、福州、武汉、南昌等周边大中城市的"3小时经济圈"和县内"半小时通达圈"基本形成，并以"畅、安、舒、美"为标准，打造一批融山水画卷、文化长廊等于一体的特色示范公路。婺源始终把生态环境作为发展全域旅游的重要基础条件，着力做好"治山理水、显山露水"这篇大文章，将全县整体作为一个大公园、大景区来规划和建设。以十万亩油菜花种植为引领，大力实施花开百村工程，打造"花海婺源"；加大山塘水库使用权回收保护力度，持续开展污水整治工程、环境保护工程、城乡清洁工程和旅游厕所革命，关闭"五小企业"近200家，对主要公路沿线、景区景点坟墓4000多座进行了搬迁并绿化，将生态保护纳入村规民约，并完善长效管理机制。通过一系列举措，使全县的山更青，水更绿，环境更优美。

1. **坚定不移地"将徽派建筑进行到底"**。徽派建筑村落是婺源乡村的亮点和特色,而"古色"则是婺源徽文化的重要"成色"。为保护好全县的古村落、古建筑,婺源县及时成立了古建筑维护专项基金,集中用于保护和改造之需,通过引导农民出租老宅、村民易地搬迁等方式,建立古建筑保护认领机制,广泛吸引民间投资,将古建筑改造成徽文化遗产馆、土特产馆、文创工作室和民宿等。通过上色调、加标识、保风格、添创意,做到保徽、建徽、创徽相结合,切实将婺源打造为徽派建筑的大观园。同时,注重保护非物质文化遗产,传承徽传统文化,在推进"徽州文化生态保护实验区"保护和建设中,坚持新建房屋统一风格、限定层高、彰显特色,从2001年起,先后启动了两轮徽改,改造非徽派建筑7000幢以上,保护古民居2000幢以上。还倾力打造了非遗徽州"三雕"传承基地华龙徽雕园,占地60余亩,集砖、木、石"三雕"生产、加工、展示、体验、销售为一体,每年接待游客30多万人。同时,婺源探索出古村落、古民居、古建筑保护的"四种模式",即整村人口搬迁、古村整体统一改造、多业态融合、统一招商经营的"篁岭模式",民宿聚集的"延村模式",乡村治理的"汪口模式",休闲度假的"李坑模式"等,复活了沉睡千年的乡村宝藏,让古村落焕发出新的无限生机。

2. **抓住机遇、整合资源,打造乡村游精品景区和景点**。2001年5月,时任中共中央总书记、国家主席江泽民考察婺源,各大主流流媒的实景传播和跟踪报道,使婺源"一夜成名",极大带出了婺源乡村旅游持续热度。婺源借机成功推出江湾景区,并以江湾景区成功创评5A级景区为标志,先后打造建设了一大批核心景区,发挥它们在全域旅游中的带动引领作用。随着这些景区、景点的陆续开放,游客数量短期内迅速猛增,婺源旅游业发展实现了第一次大的跨越,2002年游客总量一步跃升到100.4万人次,全县旅游收入1.03亿元。到2006年,游客数量达到283万人次,全县旅游收入4.71亿元。游客数量的迅速暴涨和旅游市场的自发放任,也带来了村民"简单粗暴"地破墙开门置业、乱搭乱建营业等现象,旅游开发失序、经营业态"小、散、乱"、市场监管不足、经营主体恶性竞争、时有欺客宰客等问题。婺源县从2007年开始，整合全县优质乡村旅游资源，组建县文旅集团和乡村文旅公司，注册资本达1.88亿元，负责融资、收储、运营等，实现旅游景区、景点串点成线、优势互补、强强联合。旅游集团成立后及时启动摸底调研工作，优选了一批旅游资源独特丰富的乡村游景区，通过收购、回购、参股等多种方式，将江湾、大鄣山卧龙谷等十余个景区收入囊中，形成"金牌"旅游村"打包"经营，并进行创意性、专业性、系统性深入串联集群开发打造，逐步完善乡村旅游发展的食、住、行、游、购、娱等配套设施和旅游公共服务体系，成功在全国第一个打造了全县"一票制""一个品牌"，同时实施"景区环境综合整治"、央视"梦里老家"广告、"婺源乡村旅游文化节"和"江岭花海"等几大工程，全面提升了婺源乡村游的爆发力和美誉度。目前，婺源旅游集团公司股份公司总资产近4.5亿元，拥有江湾、大鄣山卧龙谷、灵岩、文公山、李坑、汪口、江岭、晓起、思溪延村、彩虹桥、百柱宗祠、严田古樟园等一大批精品景区及景区所属餐饮住宿业，旅游品牌影响力逐步扩大，助力婺源成功上榜"中国县域旅游综合竞争力百强县"。

3. 创建全国全域旅游示范县，打造世界最美乡村中国版。婺源从发展旅游业之初，就按照"中国最美乡村"和"全域旅游"的理念和定位，努力把全县整体打造成全国著名、国际一流旅游目的地。进入2012年以来，婺源进入了转型升级、提升品质的发展阶段，围绕"打造中国旅游第一县"的目标，开始逐步破解门票经济带来的制约，采取一系列举措，推动乡村游由观光向休闲度假产品开发转变，促进旅游业态多元化发展，吸引了众多民营旅游企业参与婺源的乡村旅游建设和发展。这个时期，加大力度统筹整合项目资金，突出核心景区建设，成功打造了一批休闲度假旅游产品，江湾景区获评全县第一个国家5A景区，婺女洲等多家景区获评国家4A旅游景区，全县拥有14个国家4A景区。同时坚持因地制宜，发展一村一景，基本实现了"景点内外一体化"和"空间全景化"，有序建设了庆源、漳村、

诗春、菊径、官桥、游山、冷水亭、玉坦、曹门等一批秀美乡村，打造一批摄影村、影视村、驴友村、红色旅游村等"零门票"乡村旅游点，实现"村村秀美、家家富美、处处和美、人人淳美"的目标。上海翼天集团打造的山水实景演出《梦里老家》、国家文化产业示范基地熹园、篁岭民俗文化村、饶河源月亮湾国家湿地公园、朱子文化旅游线路、詹天佑纪念馆等成为婺源乡村旅游新名片。九思堂、明训堂、西冲院等一批创意古宅民宿相继登场，婺源先后入选"中国旅游强县""国家乡村旅游度假实验区""中国生态旅游大县"等一系列称号。

三、从乡村农文旅+到全域旅游+，"婺源模式"的意义和价值

婺源乡村游的成功秘诀，在于准确把握了自身的自然、历史和文化禀赋，找准了"中国最美乡村"和"全域旅游"这个发展目标和定位并坚定

地向前推进，找到了市场作用和政府作为的切入点和结合点，抓住了每次产业转型升级的契机实现旅游产品的迭代更新，探索创新了村民、村集体、市场经营主体和县乡政府的利益共享机制，成功实现了旅游产业由门票经济向产业经济转变，由资源竞争向文化竞争转变，由观光旅游向休闲度假旅游转变。婺源发展模式给我们带来了许多启发和思考，给许多资源禀赋相近、以乡村文旅为支柱或主要产业的区域很好的借鉴，对当前全国的乡村文旅振兴也有着重要的模式意义和价值。

1. 锚定打造"中国最美乡村"这一目标，坚持做全域旅游这篇大文章。20世纪90年代婺源乡村旅游经过一段时间的自发发展后，从2000年开始，婺源县委、县政府坚持把旅游业作为县域经济支柱产业来抓，提出了"优先发展旅游产业，建设中国最美乡村"的发展战略，把全县作为一个大景区来打造，把发展乡村旅游作为县域经济发展的"核心产业、第一产业"。历届党委、政府咬住这个大目标不放松，坚定前行，成立以县委书记为第一组长、县长为组长的旅游工作委员会，明确综合协调职能，建立联动协调机制，先后制定出台了《关于加快发展全域旅游的实施意见》《关于加快乡村旅游转型升级实现旅游产业大发展意见》等一系列文件，编制完成了《全域旅游发展规划》和一系列专项规划，制定了《全县旅游资源收储和管理细则》和各类旅游服务标准，成立全县旅资源储备中心，将收储的资源进行规划、打包，并对其实行政府一级管理、调控和有序开发。在景区、景点、线路和基础设施、公共服务规划部局上坚持全域统筹，同时积极争取上饶市委、市政府出台了《关于支持婺源、三清山建设全国一流景区若干意见》，捆绑了名山名景区的流量，在项目落地、用地政策、基础设施建设、公共服务投入、市场开拓等多方面得到倾斜和共享，逐步形成了"西拓、北进、东精、中优"旅游发展格局，集中全力做强做优三条精品旅游线路，实现"点、线、面"结合推动全域旅游差异化和特色化发展。同时，根据乡村游市场发展形势快速变化，适时超前引领，积极应对，在推进景区、景点提升品质、不断开发新产品的同时，对乡村游体制机制、发展模式、政策体系等不断调整，建立健全了与乡村旅游发展相适应的旅游行政管理体制和产业投资机制，培育市场主体，创新经营模式，以适应乡村游高质量发展。婺源始终坚持创新发展，以创建全国旅游标准化示范县、国家乡村旅游度假实验区和 A 级景区等为契机和抓手，加快推进旅游产业转型升级，不断培育乡村旅游产业新质生产力。

2. 着力农文旅三产融合发展，推动共建共享共富。婺源立足旅游、生态、文化优势，推动发展乡村游与加快农业结构调整相结合、与美丽乡村建设相结合、与复活乡村沉淀资产相结合、与传承乡村传统优秀文化相结合、与乡村旅游产业产品品牌打造相结合。实施"放手民营，多元投入"的发展方针，出台一系列鼓励社会资本参与乡村旅游发展的政策措施，通过引进外资、民营股份合作、集体与民间闲散资金相结合等方式，社会资本乡村旅游投入资金达 10 多亿元，先后开发出 20 多个景区景点，涌现出篁岭景区投资人吴向阳、朱子文化园创始人江亮根、老邱农庄创立人邱五权、婺源名训别院创始人喻永红等一批心怀乡愁、积极奉献、敢于担当的社会精英，以他们为代表的一批乡贤，撑起了婺源旅游产业的一片天空。婺源坚持"以花为簪""以茶为媒""以文为脉"，不断创新开发乡村游系列产品，拓展产业链，丰富现代休闲农业业态，实现乡村文融、农旅、茶旅融合发展。婺源紧紧围绕"黄、绿、红、白"四色，建设完善晓起皇菊观光园、林生有机茶生态观光园、婺源荷包红鲤鱼现代渔业观光园、篁岭休闲农业示范园、瑶湾生态农业体验园等一批现代农业观光园、体验园。婺源拥有茶园面积 19.7 万亩，坚持以茶园采制体验、山野游览健身、登山观光眺望为主题，建设婺源绿茶产业园和生态茶园观光休闲旅游区，开发集采茶、制茶、品茶、购茶于一体的生态休闲游、风情体验游等。近年来，婺源全力推动"乡村游 + 体育"发展新业态，每年承办 20 多场国内外体育赛事，开发了徒步、骑行、攀岩、漂流等多项户外拓展运动，举办全国气排球邀请赛、村超、村 BA，参赛选手超过 30 万人次，吸引体育旅游爱好者 240 万人次。婺源十分重视发展"乡村游 + 工业"，先后打造了宇昌螺旋藻、江湾松风翠、华龙木雕、朱子艺苑等一批工业旅游点，带动了一批旅游用品和游客伴手礼产业快速发展，如甲路村开发的旅游伞、丝绸伞等40余种新产品，年产伞50万余把；大畈村发展砚台旅游伴手礼，全村砚台厂及店铺达238家，带动农民1800余人就地就业，农民人均年纯收入1.2万元。乡村游大大促进了民宿、农家乐和酒店业等第三产业的发展，农民通过房屋出租、土地流转、景区经营、家门口就业等获得多项收益。据不完全统计，截至2023年底，全县有民宿1100多家，其中精品600多家，中高端度假民宿200多家，全县农家乐600多家，各类旅游从业人员达7万余人，村民经营民宿、农家乐和从事旅游服务收入有了稳步提高，向共同富裕迈出了坚实步伐。

3. **坚持"重传播与强管理"并重，创新"最美乡村、梦里老家"整体形象营销。** 婺源历届各级领导高度重视景区形象传播和乡村旅游市场监管两个重要环节，两手发力，相得益彰。在乡村游的初始阶段，婺源主动邀

请国内外著名摄影师、书画艺术家、导演、演员等各界名人到婺源采风、创作，并通过他们的高端作品和讲座，广泛对外传播，实现了事半功倍的名人效应。进入乡村游转型升级阶段，借助篁岭、江湾、婺女洲等一批高端景区的开业，婺源开始把景区推介紧紧与地方文化软实力结合起来，以徽文化的独特魅力彰显其强劲的市场竞争力，坚持"文化搭台、旅游唱戏"，精心办好茶文化节、朱子文化节、古徽州民间彩灯巡演、最美乡村过大年、中国乡村文化旅游节等富有婺源特色的主题活动，不断提升婺源全域旅游品牌的知名度、美誉度。近年来，婺源创新打造智慧旅游平台，通过与三大通信运营商合作，运用现代数字技术，聘请专业团队将全县景区沿线、景区游览线路、宾馆、农家乐等进行三维实景拍摄编制，通过国内外各种主流高端媒体，多渠道、多维度、全方位投放到线上平台。市里每年投入近2000万元资金，借助中央电视台、人民日报、凤凰卫视等境内外高端媒体以及网络，以"美丽乡村、梦里老家"为题进行立体推广，在媒体上不断地掀起婺源热。同时，坚持国内与国际营销并举，主动到国内外大城市和主要客源地进行宣传推介，加强旅游淡季市场宣传营销。在开拓京福高铁所辐射的区域市场的同时，开展立体式海外宣传营销，通过与国际著名旅游景区开展广泛的合作交流，成功开辟了韩国、东南亚、北美和欧洲市场，让更多的海内外游客关注婺源。婺源高度重视保护和擦亮"自身品牌整体形象"，不断提升获得荣誉和称号的含金量，创新建立了"1+3+N"旅游管理新机制，包括创新设立全国乡村旅游度假实验区管委会，实行实体化运行，负责管理全县旅游工作；建立"县文广新旅局"行政管理、"县文旅产业发展中心"事业赋能、"县文旅集团"企业运行的专班管理保障体制；发挥县旅游协会、民宿协会等行业协会示范引领作用，全方位实施旅游服务标准化建设，创新建立旅游联合执法和诚信退赔机制，构建全方位温馨服务体系，为"中国最美乡村"高质量发展提供制度和机制保证，全力打造"世界最美乡村中国版"这一"响亮品牌"。

"三瓜公社"：乡村营造艺术＋电商产业的特色样板

2020年12月16日，我在安徽小岗村调研时，北京一位好友建议我一定顺道去下巢湖，看下他的朋友淮商集团董事长刘浩先生投资建设的"三瓜公社"。匆匆离开小岗村后，当天中午我们便乘地铁直奔"三瓜公社"。刘浩先生的助理徐亮和"三瓜公社"乡学院院长陈民利女士陪同参观，一路详细介绍了"三瓜公社"的原创设想、建设发展过程、运营模式和后续拓展。来到这里的前一天，还与"三瓜公社"的总策划总设计师孙君老师进行了线上交流，有了先期沟通了解，让我这次学习考察有了较大收获。

一、孙君的新乡建理念与经典之作

说起孙君先生，近年来在乡建领域的探索创新，业内人士无人不知。孙先生原本是个画家、生态艺术家，还是北京绿十字创始人、中国乡建院联合创始人，被誉为中国民间乡建第一人。乡建，在中国是个宏大而具有历史意义的话题，新中国成立前的20世纪二三十年代就有晏阳初、梁漱溟、陶行知等人发起的乡村建设运动，进入新世纪以来，国家推行了"新农村建设""美丽乡村建设""乡村五大振兴"，乡村建设从民间行动上升为一项国家战略。国家战略的实施，比任何时候都更急迫需要有强烈乡愁和情怀的乡建人，而不是那些到村里乱画乱挖乱建并从中大赚一把的"淘金族"，更不是那些想在任内做点政绩、急功近利一夜间建个欧洲小镇的"乡建官僚"。作为中央美院毕业的专业画家，怎么搭上国家乡村振兴这趟浩

浩荡荡的时代快车?孙君老师在同我交流中这样说起:"因为有件事情触动很大,1999年毕业那年,去大同写生,亲眼看到的大同,是一个污染非常严重,几乎是看不到太阳的状况。但是同学们画出来的画却是一个阳光明媚的大同。还有一波人到湖边去写生,湖面已经污染很严重了,画出来以后却是碧水蓝天……这个时候我开始反思一个问题:绘画和现实之间,到底相信我们的眼睛,还是相信我们的作品?艺术家展现给世人的是真实的还是欺骗的?"这种客观现实与艺术表现之间的反差和矛盾,带给孙君深深的心灵震撼,让他陷入了长时间的深刻反思,也让他坚定地走上一条探索乡村自然生态激活返原和乡土文化复兴之路。

孙君在其十多年探索实践过程中,总结出一套新乡建理念,其核心价值是提出并遵循了"把农村建设得更像农村"这个孙氏农道总则,而实施的最终目标是让年轻人回归村里,并认为这是检验乡建成败的根本之道。

业界人士把他的乡建理念概括为"孙九条"：1. 甲方三次邀请才能去考察；2. 对农民不利的事不做；3. 不能落地的项目不做；4. 主要领导任期已满两年的不做；5. 对生态环境不利的不做；6. 不跟没有品味的人合作；7. 讨价还价的不做；8. 项目没有示范价值的不做；9. 没有兴趣的不做。孙君通常都要向业主单位约法三章："我的设计稿不允许修改；我的项目不允许招标、必须由我指定施工队；我做的规划不允许请专家评审；我的项目中不允许欠农民工的工资"等等。提到那让人感觉高冷酷毙了的"孙九条"，孙君老师却倒出了一番苦水，实在是没有办法！也是一种无奈！他只要不按"孙九条"，就根本无法贯彻我的理念，也无法执行我的意图。地方主要领导意见的干扰、主管领导的职位变动、专家评审组的阻碍等等，都可能让项目中途夭折。按照这个农道总则和"孙九条"，孙君及其团队主导策划建成了北京沟湾村都市新村、江西陆家村、河南郝堂村、安徽三瓜公社、四川雪山村、湖北"五山模式"生态文明村、堰河村、樱桃沟村、桃源村等10多个美丽乡村样本，参与策划指导了40多个村庄的村建，大部分成功运营，但也有一些没有达到预期目标，还在发展提升中。

"三瓜公社"是孙君回到安徽老家策划的一个经典之作。这个项目位于合巢经开区汤山村，孙君带领的策划团队以当地古朴村落和优美生态为基础，致力于打造地方特色的农旅融合、三产融合、学研融合的基地。如今的"三瓜公社"已是安徽乡村振兴的领头羊，也是全国特色小镇的一面旗帜。"这是个企业下乡、电商助力、乡学先行、改造乡村的典型。"孙君告诉前来乡学院培训的学员。孙君认为，那些用建设城市的理念和路径来改造建设乡村，是对乡村文化、历史、自治、生态、建筑的一次雪上加霜的急功近利的大破坏。很多资本带着热情下乡最后黯然退场，究其原因是不知道如何保留乡愁，不知道借力乡村文化、挖掘历史，更没有发挥村民的主观能动性。为此，孙君团队提出了"三个重塑"：重塑乡村，不拆房、不砍树、不填井；重塑乡村产业，互联网＋一二三产融合；教育重塑人。他要求，在建设过程中必须保护乡村原有的山水林田湖系统，对荒地、山地、林地进行修整保护，修复水系和自然生态，把乡村田野打造成诗意栖居、宜游宜业的家园。在实施老旧房屋改造时，必须全力保持从20世纪50年代至2010年各时期的民房，并邀请当地工匠与农民共同参与。"这个过程中也不能全部放手让村民做，要帮助他们解决规划和设计方案中他们不懂的部分，比如抗震、结构、新型材料使用等。"他解释说，在设计时必须将现代文明和生活方式植入进去，才能吸引更多的城市消费者。

二、刘浩的乡村投资逻辑和运营模式

"投资乡村产业，关键在盘活乡土要素。"这是安徽淮山集团董事长刘浩的村投逻辑。在乡村振兴这一国家战略推动的浩荡大潮中，许多民营企业家已经跃跃欲试，准备撸起袖子大干一场，但从目前的情况来看，更多的是看准了卖设计、卖材料、包工程等来钱稳准快狠的机会，而真正带着理念、带着情怀踏入乡村搞投资的，则为数甚缺，有待来者。更多的企业家则成为期待和观望者，他们大多认为投资"三农"项目，周期长、收益低、风险大。安徽淮山集团董事长刘浩则有他自己的独到眼光、投资逻辑和运营盘算。刚到汤山村考察时，他发现这里是一片空心村，而且地势低洼，容易被水淹没；村间道路狭窄、环境杂乱，基础设施还很落后；留守的村民大多是守着"一亩三分田"的老人、妇女，水稻、花生和打鱼是他们主要的收入来源。在这里，一时还找不出有什么投资的看点。但经过一番深入考察分析，刘浩还是发现了发展商机和投资前景，这里与安徽省会合肥相隔50多公里，距南京约100公里，驱车10多分钟便可到达高铁巢湖东站，区位优势十分明显；当地村民的建筑多是汤山旧居，又有5000年的半汤农耕文化，可以改造发展特色客栈；邻近3公里内还有中国四大古温泉之一的半汤温泉，可以进行共享联动合作；这里周边的土地资源较为丰富，有较高产出，发展农产品电商也有潜力可挖。论证一经敲定，行动惊人神速。2015年，安徽淮商集团与合巢经开区合作成立安徽三瓜公社投资发展有限公司，首期投资5亿元，建设周期为3年。"三瓜公社"在

创建之初就明确了"以电子商务为驱动的三产融合发展模式（特色小镇支撑的农产品进城）"和"以乡村旅游为驱动的旅居康养发展模式（乡村振兴支撑的市民下乡）"两条路径，打造离城市最近的远方，为顾客提供一种新的生活方式。项目布局中将民俗文化、休闲旅游、农业种植、电子商务及新农村建设融为一体，首期建设了南瓜电商村、冬瓜民俗村、西瓜美食村3个各具特色的村庄。在实际经营运作中，创新建立了"线下体验、线上销售，企业引领、农户参与，基地种植、景点示范"模式，探索走出了一条信息化时代的互联网+农村的发展之路，打造成为"安徽电商第一村"。"冬瓜村'卖'民俗文化，南瓜村'卖'农产品，西瓜村'卖'美食、还'卖'风景，带动了周边12个村庄。"刘浩向客人介绍时如数家珍。项目启动建设三年后的2018年，"三瓜公社"游客接待量突破720万人次，旅游收入达到3.2亿元。人气的火爆，成为新晋网红打卡地，很快带来了农特产品、餐饮、民宿服务同步热销。

1. 打造让年轻人愿意回又留得下的家乡，实现人才聚集才是乡村振兴

的根本。如何吸引年轻人返乡？在这当前的全国大部分乡村，仍然是个困境，"三瓜公社"进行了大胆探索创新，通过创办半汤乡学院和电商培训中心，对返乡青年进行免费的就业培训指导，成功吸引了近 300 名城市青年参与到"三瓜公社"工作；打造了乡创和农创两大特色基地，向返乡创客、优秀商家、民俗手艺人和新农人敞开大门，成功吸引了大批发展经济能人落户、农民工返乡、大学生入乡，为"三瓜公社"的发展注入了源源不断的生机和活力；还同 600 多家生产、包装等供应商建立了产销联动关系，持续打造"三农"发展产业链。"创业不必去远方，家乡一样铸辉煌。"这是南瓜村村口墙上，写着的一句醒目标语。"现在既能照顾到家里的老人和小孩，收入也比在外打工多得多。"南瓜村"开心麻花"手工作坊的店员笑嘻嘻地告诉我们。"好的创业环境才能吸引、留住更多人。"刘浩介绍时说："'三瓜公社'对创业团队给予免租、公益性电商培训、产品开发、物流支持等服务性保障，成功实现'互联网＋农产品'驱动农村品牌产品进城，三产融合吸引市民下乡。"如今的东洼村，已经是年轻

人"回得去的老乡"、村民们"看得见的希望"。"三瓜公社"已吸引90余家企业入驻，吸纳2000人就业。孙君在谈到"三瓜公社"年轻人返乡时说："这些年轻人回来了不是我们让他们回来，是他们自己回来。自己回来做什么？能做什么事不是我们能决定的，是回来的人自己选择的。在中国农村就从来没有听说过下岗、待岗、就业、退休、童工，中国农村不存在这些名词，中国的农村只要他愿意回来，他上班就是下班，他下班就是上班，他的岗位是混合型的，他会种田、喂鸡、收麦子，会去孝敬老人、带孩子，会帮左右邻居干点活，还会到城里打个短工，所有的岗位不是指定的，所以在人力资源这一个评估体系当中，中国农村实际上是最完整的一个人力资源的配置。"

2. 让闲置的土地重新释放活力，这是实现村民共同富裕的关键。农业是"三瓜公社"的基础，项目开发设计的专家团队对12个自然村进行科学规划，之前因为不适宜种植庄稼的丘陵，如今分季节种上了郁金香、芍药、百合等观赏花卉，农特产品加工有了标准化厂房、仓储也有了仓库和物流配送。这几年，已经开发了茶、泉、特产、文化四大系列1000余种半汤特色优质农产品和旅游纪念品，并通过建立健全农产品深加工配套体系，以线上线下结合的方式进行销售，经营得红红火火，开业的第一年就突破了5000万元的销售额。当地村民就地就业意识、新型创业技能也有了显著提高，村民经济收入稳步提高，村集体经济也得到较快发展壮大，还带动了周围5000多位农民增收致富。同时，将农田、湿地、水塘、山地、林地合理利用起来，大大提高了农田利用率。刘浩认为，在项目建设中，通过互联网+"三农"，"一是推动一产种植成果深加工，由电商组织线上线下销售，再通过设置不同主题的农业带，把一产的种植、二产的产品开发和三产的农业观光、体验、采摘融为一体，实现农工旅三产融合发展，提高了土地综合开发的经济效益。二是打造集中连片的产业集群和产业带，推进种养加结合、产供销一体、延长产业链，让农民在更多环节分享收益。三是深度挖掘、保护与传播半汤6000年的农耕文化、巢氏文化内涵，建设二十四节气馆和民俗博物馆、古巢国遗址与 40 余个传统的油坊、布坊等传统手工艺坊。定期组织民俗文化活动，对非物质文化遗产和民俗文化进行传承和弘扬，真正实现了民俗回到乡村。"

三、陈民利与半汤乡学院的乡村人才摇篮梦

在刘浩的乡村梦里，"三瓜公社"要吸引年轻人返乡，必须有个培养乡村人才的培训基地，而孙君则一心想在"三瓜公社"办所乡学院，并称之为新物种，投资人与总设计师一拍即合，余下的事便是找个院长。机缘巧合，长期从事电商教学和实务的教授陈民利女士，成了乡学院院长的最适合人选。陈民利老师告诉我们，2013 年开始，她就走上了县域电商布道的征程，也是因为电商专家的身份，与刘浩有缘结识。2015 年，刘浩邀请参观他的一个乡村建设项目，一番交谈几经思考，她毅然决定放弃稳定的大学教授岗位下海，离开杭州的家来到这偏远的乡村创业。半汤乡学院从一个废弃的乡村小学起步，可以说是一个零起点，期间的艰辛不言而喻。如何让这样一所承载着宏伟使命而又名不见经传的乡学院往前发展？乡学院优质的智力资源从何而来？如何告诉业界？如何告诉市场？如何打开局面？陈民利有过许多痛苦、挣扎、揪心……经过一年多的筹备，半汤乡学院于 2017 年正式开学，她和团队研究确定了学院的发展定位、办学宗旨、服务对象、教学内容安排和开发、教学方式的创新和拓展等一系列重大办学事项。半汤乡学院实行巢湖经济开发区政府支持、安徽淮商集团出资、业内的专家学者运营的发展模式，主要培训对象为政府＋企业＋创业者，采取问题导向与实践导向相结合的教学内容，通过大量的调研咨询、规划设计、运营实践，形成了一套自己独创的课程体系，采取主题分享、案例分析、游学考察、团队共创，带着问题来、带着方案走的教学方式，最终实现从培训到培养，解决乡村振兴人才培训最后一公里。陈民利及团队在教学实践的同时，坚持脚踏实地走进村庄、走进企业、走进庄稼地，深度调研，实践指导，问题导向，对一系列实践问题进行了深度理论思考和总

结，最终从"乡村土地里长出了乡村发展理论"。

半汤点亮中国，乡学温暖乡村，这是乡学院的期许。乡学院的定位是乡村振兴的"参与者、同行者、探索者、思考者和实践者"，在乡村振兴研究与人才培养方面，做好一个探路者的角色。乡学院致力于办成一所有温度的乡村人才和"新农民"的摇篮，为提高质量，叫响业界，更多追求所有学员的获得感。她们希望能做一盏灯，照亮乡村建设前行的路，希望能与各地有共同愿景的同仁合作，培养人才，赋能乡村，一起奔赴乡村美好的明天。

如今，通过三年多的努力，乡学院已举办近百期培训班，学员3000多人，覆盖全国30个省、直辖市、自治区的500余县（市、区）。还为20多个县市区提供电子商务发展咨询规划、美丽乡村农旅融合产业规划，编辑出版了《农村电商100问》《第三只眼看县域电商》《传统商贸业转型与

农村电商发展——怀远模式研究报告》《重塑乡村》《乡建十论》《乡国天下》等系列研究成果。陈民利说，有三瓜公社的实践，有教学团队和学员理论与实际相结合的探索思考，半汤乡学院正逐步成为互联网时代乡村振兴的研究和实践高地，作为国内第一所民办乡学院，必将吸引着一批又一批的知识分子研究、求索，为中国乡村振兴培养出最接地气的乡土实用人才。

平潭·龙海阅读小镇：
聚力书香田园，打造新阅读空间

从平潭国际旅游岛的中山大道走进龙海阅读小镇，海岛独特的田园风光尽收眼底，各种阅读空间散落在一片安静祥和的自然环境中。游走在阅读小镇中，一层层梯田坡地、一处处山水人间，随处可席地阅读，或可三五成群在林间石桌上高谈阔论、书生意气，或在石头厝咖啡书吧里尽情品味书香、静享阅读快乐，或仰卧岩台、坦腹晒书，或在磐石上盘腿而坐、一键书海。人在景中，书在境中。满园书香，华彩溢彰。阅有字之文，博览古今中外文化之精髓，腹有诗书气自华！读无字之书，品大自然山水林田石厝之神奇，眼饱物华神自怡！

龙海村位于平潭综合实验区南部，三面环海，从福州三环往京台高速、走平潭公铁大桥、沿中山大道，70分钟可到达龙海阅读小镇游客中心，从游客中心出发5分钟车程可到达风景独特的象鼻湾、8分钟可到达平潭岛著名景区坛南湾。龙海村距离平潭新城区如意城10公里8分钟车程，中山大道横贯村庄、环岛路绕村而过，交通十分便捷。龙海村下辖安海、塔石、六秀、倒瑞垄、山仔、菖蒲池、门前坑7个自然村，620户2231人，土地面积2250亩，其中耕地900亩。近年来，龙海村走乡村高质量发展之路，得益于村党总支的坚强领导，村民的主体作用，新乡贤的鼎力加持和一批外来新农人、外出回归能人的资本注入，更得益于平潭综合实验区乡村振兴的政策落地和金井片区管理局项目工作专班的积极推动。2020年，龙海村被列入福建省乡村振兴试点村、福建省乡村振兴促进会和基金会挂钩村

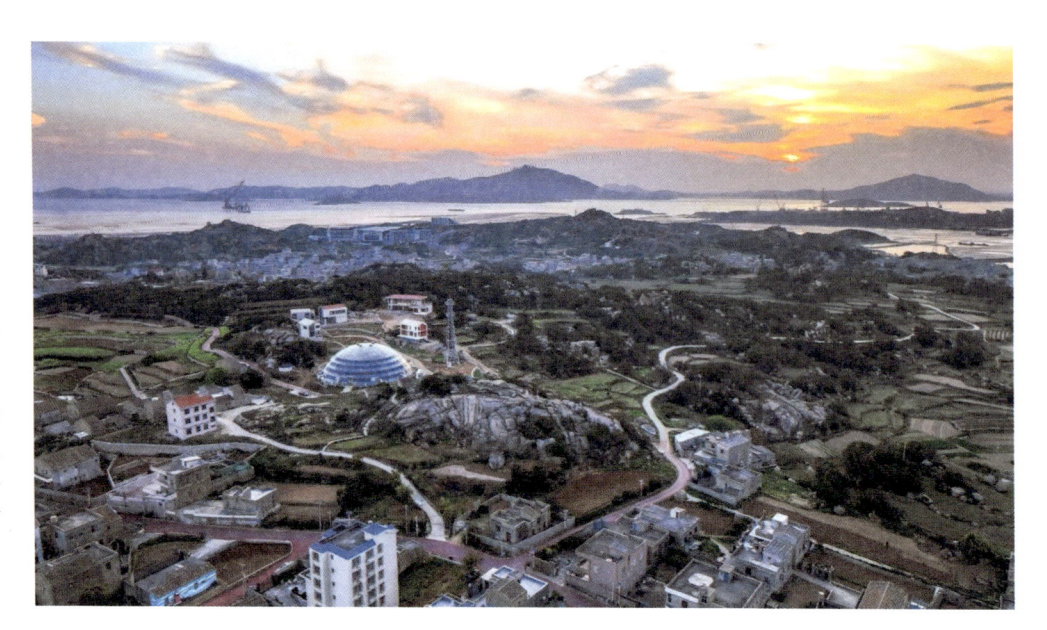

·新发展理念下中国乡村振兴中的独特创新样板·

　　后，村"两委"经过4年多的努力，先后策划生成了44个项目，总投资1.8亿元，其中，已建成34个项目，总投资1.15亿元，一批项目投入运营后，村集体经济得到快速发展壮大，村集体资产已由2020年前的600多万元，发展到2024年的4600多万元。平潭·龙海阅读小镇已于2024年4月21日"世界读书日"前夕隆重开园。开园以来已举办"岚台端午诗会"、"全国读书节"暨"书香田园、快乐读旅"岚台青年辩论邀请赛等10多场阅读推广活动，2024年暑期更是成为学生研学和夏令营的打卡地，阅读小镇内的游客中心和民宿已一房难求。

　　阅读小镇龙海村已获得福建省乡村振兴示范村、福建金牌旅游村、福建省"绿盈乡村"、福建省级水利风景区、福建省美丽休闲乡村、福建省乡村治理示范村等荣誉称号。

一、依托海岛村庄独特自然要素，高起点创意规划阅读小镇

　　龙海阅读小镇是依托平潭国际旅游岛"大旅游"背景下的乡村田园风光、农耕文化"小栖息"板块，二者起到星月互补的作用，依托平潭海岛

国际旅游目的地龙王头海滩和坛南湾的海量游客，秉承安海书院和六秀书乡深厚的文化底蕴，借力探秘福建省最早的新石器遗址壳丘头海洋文化，捆绑海岛游网红打卡点的独特风光，打造一处属于读书人栖息、发呆、充电的限量版僻静空间，这就是项目策划的初衷。这样，既可接受海岛大旅游的辐射带动，又充分发挥坛西片区生态、文化和独特山水资源优势，既积极融入平潭旅游功能区，又突出特点、强化特色、别具一格，做到和而不同，各美其美，走差异化发展之路。

龙海阅读小镇构思策划之际，正值国家提倡全民阅读新时代。党的十八大以来，倡导和开展全民阅读已成为党中央的一项重要战略部署。习近平总书记在《致首届全民阅读大会举办的贺信》中指出："阅读是人类获取知识、启智增慧、培养道德的重要途径，可以让人得到思想启发，树立崇高理想，涵养浩然之气。中华民族自古提倡阅读，讲究格物致知、诚意正心，传承中华民族生生不息的精神，塑造中国人民自信自强的品格。希望广大党员、干部带头读书学习，修身养志，增长才干；希望孩子们养成阅读习惯，快乐阅读，健康成长；希望全社会都参与到阅读中来，形成爱读书、读好书、善读书的浓厚氛围。"为深入贯彻习近平总书记《致首届全民阅读大会举办的贺信》精神和关于"举全党全社会之力推动乡村振兴"一系列重要讲话、重要指示的精神，龙海阅读小镇策划打造全新的田园阅读空间，借助每年的"世界读书日""全民阅读节"，举办丰富多彩的阅读活动，让"乡村更适合阅读"成为一种向往和时尚。

2021年，中共中央办公厅、国务院办公厅印发了《关于进一步减轻义务教育阶段学生作业负担和校外培训负担的意见》，在全国范围推行"双减"政策，旨在让学生们有更多的课余时间去拓展学习空间，开展丰富多彩的科普、文体、艺术、劳动、阅读、兴趣小组及社团活动，满足多样化课后需求，促进学生全面发展，健康成长。阅读小镇运营团队第一时间作出响应，围绕拓展课外新阅读空间这一主题，打造丰富多彩的学生课外活动新天地。

阅读小镇项目规划以"一心、二轴、三区、四园"为总体布局,"一心",以六秀、安海自然村为阅读核心圈;"二轴",象鼻湾沙滩旅游观光轴、六秀花海梯田农耕文化体验轴;"三区",农耕文化阅读区、自然山水阅读区、滨海休闲阅读区;"四园",六秀大王山阅读公园、龙海智慧体育公园、镇海寺宗教文化公园和矿山生态修复公园。

阅读小镇的策划运作,基于龙海村及周边的山水资源和田园风光,创新阅读空间与阅读方式,通过对阅读环境的营造和阅读空间的创意,使人们身入其境,产生阅读兴趣,享受阅读快乐,提高阅读效果。同时,把阅读的环境、空间和乡村自然生态紧密融合起来,打造享受自然馈赠、阅读赋能新模式。

二、聚力阅读+田园山水空间,打造数字生态阅读公园

阅读小镇致力于打造平潭国际旅游岛文旅产业发展的乡村板块新亮点,在保护修复原有自然生态的基础上,规划构建一批山水田园特色的阅读新天地,营造一种有别于传统模板的阅读新环境,通过改变阅读生态、创造个性化阅读载体、开展形式多样的阅读活动,增强阅读新动能,并结合户外体育休闲观光活动,达到寓教于乐、寓学于游、寓读于养的综合立体效能,打造读者与大自然和谐相融的优美画卷。

1. 农耕文化阅读区。 阅读小镇核心区六秀自然村,是岛上闻名的书香故里,传说历史上出了不少秀才、举人和进士,现如今硕士博士也层出不穷。这里具有独特的山水格局,拥有鼎山仰佛、台层梯田、石头厝、磐石岩、奇石山等景观资源,自然风光及海岛风光秀丽。六秀古村落石厝保护良好,现存有百余栋,最早的石厝始建于晚清年代,历史悠久。村庄依山就势,布局灵动,石厝在山脚、山腰和山顶依势而建,错落有致。独特的石头厝建筑外形朴素大方,冬暖夏凉,可抵挡海岛上频繁的台风、海潮等恶劣天气的侵蚀。整个自然村以"山水林田厝石"六大要素景光资源为底色,呈现出原生态、高品味的一片田园风光、一幅书香画卷。阅读小镇依托六秀

自然村及周边优美的自然风光和旅游资源，规划建设大王山农耕文化阅读公园，构建了一批山水田园特色的阅读空间。该公园占地约300亩，以山地、林地和裸地为主，利用自然形成的梯田，在不同季节种植蔬菜、瓜果和中草药，园区内建有逸龙书院、5G智慧铁塔及电子阅读广场、水保科教馆、大梦阅读驿站、绿色阅读长廊、梯田花海、开心农场、岩谷采摘园、阅读草场和林间岩隙阅读小憩别致空间等。在这里，随处可见舒适自然的阅读环境，真正让阅读融入田园山水、融入生态自然，成为一种不可多得的惬意时光和安然意境。

2. **自然山水阅读区**。该阅读区位于安海自然村的牛脊山风景区内。这里的山体，状如卧牛，山顶有规模宏大的花岗岩平台，形似牛脊，因此得名牛脊山。这里拥有六桥湖、牛脊山、镇海禅寺等景点，整个山脉，奇观胜景、怪石林立，大自然鬼斧神工，有磨刀石、金蛇十八洞、巨鳄石、牛尾胧、镇海石柱、老鹰望天、牛脐洞等景观，更有"神游""石景大观""山川异域风月同天""新县古东岚""牛"等文人墨客的摩崖石刻。牛脊山东麓的镇海禅寺、又称西院寺，始建于元朝，是儒教、道教和佛教三教合一的典型寺院，曾经也是岛上著名的书院，史称西院，与东边仙霞村的东院齐名，是平潭县史上著名的两大书院。通往牛脊山顶的半山步道边，是一座白马王寺，白马王信俗文化源于汉朝，是闽台传统民间信仰历史久远的道教文化，建有白马尊王行宫、白马王信俗文化长廊、白马雕塑、射鳝台、望台亭、地涌金莲（佛花）种植园、兰花圃等，正在打造成为白马王信俗文化展示和传承基地，促进海峡两岸交流。牛脊山脚处还保留着清乾隆四十五年（1780）镇海寺古僧人墓——僧修竹园和王德祥合葬墓，2022年初又在山坡下发掘了初唐古墓群和墓葬石棺，具有很高的考古价值和历史文化研究价值。目前，自然山水阅读区已成为省级水利风景区，建有登山长廊、垂钓走廊、写生露营、矿山公园、博学园、红色文化教育基地、智慧体育公园、宗教文化公园、古墓群文化公园等，以"阅读研学"概念为引擎，打造革命传统教育、艺术写生、露营地、农业观光、休闲体验、体育健身、特色民俗融合为一体的乡村文化旅游综合体，构建山水田园特色的阅读空间，勾勒出人与自然和谐共处的无边界、高融合的生态画卷。

3. 滨海休闲阅读区。该阅读区位于紧邻龙海村的象鼻湾，这里因海湾滩形独特、沙质优良、滩面宽广平缓、滩状形如象鼻而得名。象鼻湾滨海阅读区依托海岛自然风光，布置沙滩休闲阅读，结合沙滩观光摄影、讨海

垂钓，弘扬"海丝文化"和"渔耕文化"，传承"海纳百川、有容乃大"胸怀和格局。目前，该功能区正在推进配套基础建设和周边环境整治提升工程，基本具备开园条件，即将以全新的面貌，迎接各方游客。

三、着力乡贤资本回归和政府资源下乡，多头发力推动产业项目的策划生成落地

龙海村坚持乡贤引资，发挥社会资源和政策资源优势，千方百计动员事业有成的在外乡贤回村投资，支撑乡村产业发展；积极鼓励在省区市机关、企事业单位工作的乡贤主动了解宣传政策、争取各类补助，助力乡村振兴；邀请省属国企、高校、科研机构的领导和科技人员进村指导、开展项目合作，赋能乡村振兴。通过近 4 年的努力，已有 10 多位乡贤投资 1.2 亿元，策划建成了 40 多个项目。其中，乡贤驿站项目总投资 3000 多万元，成立福建省源海文旅有限公司和六秀向海书香逸墅文化有限公司，建设可接待近 200 人的游客服务中心，项目已在 2024 年 4 月正式对外营业，既可为村民提供服务，也可为游客和学生提供旅游、研学和劳动实践服务；引进平潭在外乡贤、龙海村返乡人员与村民共同投资 400 多万元，成立圆梦村（平潭）农业科技有限公司，建设 50 亩现代农业蔬菜大棚，目前各类高品质高端蔬菜已陆续上市，年产值 200 多万元，解决 40 多位大龄农民就业，年增收 100 多万元；引进平潭金井现代农业科技有限公司投资 800 多万元，与村经联社合作流转 300 亩土地，建设玫瑰花种植、深加工和品牌营销基地，目前已开发出系列产品，生产已粗具规模；引进社会资本落地本村，投资 3000 多万元，将废弃多年的餐饮娱乐场所改造为石头城堡民宿及农家乐；协助平潭亿源海洋公司多方争取政策，积极盘活早年投资 1350 多万元建设的闲置海带深加工厂，再追加投资 3000 多万元，改造提升为岚岛牧海耕鱼农创工坊，该项目集海产养殖、常温仓储分拣、冰鲜冷链、加工包装、地理品牌产品展示、电商直播、主题餐厅、观赏体验、社教研学、农创民宿等为一体的海洋产业融合发展中心。

龙海村坚持农文旅融合发展，农业产业化、现代化先行。村集体一期流转近100亩山地，将其中的50多亩规划建设成开心农场和中小学生劳动实践基地，一部分对外出租和认耕，另一部分对中小学生和游客开放。其中，近10亩山坡地和裸地，种植平潭地产的200多种中草药，已建成300多平方米的神农百草园及科普馆，以及近1200平方米的中国航天育种果蔬博览园，果蔬博览园采用最新型的球形玻璃温室结构，运用国内最先进的第七代自动化智能化水肥一体技术，种植中国航天科技最新培植的新品种果蔬40多种，打造前沿高端的现代高科技农业观光、体验、研学和科普教育的重要基地。

为加快推进农文旅融合发展，龙海村投入400多万元实施环境整治提升和民宿改造，实施村道提升、村庄亮化、美化绿化、垃圾收集分类、污水收集管道铺设等系统工程，建成露天音乐吧、安海加州鲈鱼养殖及垂钓基地和10栋特色民宿。龙海村还积极争取上级支持，投入近1000万元，建设了大王山阅读公园、智慧体育公园、镇海寺宗教文化公园和矿山修复公园。其中，智慧体育公园以缓解阅读疲劳、改变阅读惯性、提升阅读效能为理念，建有足球、网球、乒乓球、排球、篮球、门球、羽毛球、轮滑场等8个运动场地，通过2公里智能健身步道和沿路的智能健身驿站，联通安海和六秀两个景区，构建15分钟健身圈。矿山生态公园则是修复利用村中3个废矿区而建成，项目策划始终贯穿"绿水青山就是金山银山"新发展理念，在生态修复的基础上，种植耐旱岩生植物和高山植物，增设了登山步道和观海平台、休憩景观、山顶广场和写生露营，增添摩崖石刻、岩崖壁景和彩绘涂鸦，让垃圾成山的废旧矿场获得重生，成为自然生态教育的研学公园。

四、携手省级国企、高校和科研院所，全力打造阅读小镇"金字"名片

阅读小镇从2020年4月启动策划之时，项目推手及团队就主动登门

拜访福建农林大学、福建省农科院、海峡出版发行集团和福建新华发行集团、福建省旅游投资集团及福旅教育科技公司、福建省艺术职业学院等相关单位，邀请各单位领导和专家团队多次实地考察，听取策划设想，征求吸收各方意见，签订共同合作建设运营协议，全力推动项目落地和建设提速。目前项目基础设施已全面建成，研学、农文旅、体育等相关项目已于2023年底全部竣工，开门迎宾。

福建新华发行集团把阅读小镇作为助力乡村振兴的创新平台和共有品牌，企地双方在创造新阅读空间、打造新阅读环境、培育阅读群体、激发阅读市场新动能等方面建立长期、全面、深度的合作关系，开展紧密型、多层次、全方位的交流协作，打造企地携手推动乡村高质量发展新的示范样板和金字品牌。每年4月23日在阅读小镇举办全民阅读大会，让"全民阅读日"走进乡村，引进文创品牌书店经营模式，为读者打造具有田园特色、温馨惬意的独特阅读空间。着力在以下几方面进行创新：一是好书赋能，共建好书推介平台。利用龙海村已建成的"智慧龙海"平台和"乡村阅读新空间"，向不同客群适时推介和定期赠送好书、新书和各类助力乡村振兴的图书等，福建新华发行集团负责提供图书等出版物和线上平台门店。二是空间赋能，共创阅读＋公园。以新阅读空间为载体，引进社会资本创建田园风光、乡间民宿等各式创意阅读驿站和乡村样板书屋，同时配套"读书朗"阅读酒店、劳动体验农场等。福建新华发行集团发挥自身优势，组织集团总部的专业团队，共同打造成以"阅读＋"为主题、以乡土艺术为特点的综合性文创产业园区。三是活动赋能，共同举办各类"阅读节"。把阅读小镇办成福建新华发行集团文化产品交流的品牌基地，定期举办乡村阅读大会、"世界阅读日""全民阅读日""名书名家导读日""有奖悦读大赛"、新书交易会、作者与读者见面会等活动，成为乡村阅读活动的永久会址，共同打造田园书香盛会，为广大作者和读者搭建享受创作、快乐阅读、愉快交流的全新平台。

福建艺术职业学院把平潭龙海村作为校属实践基地，把阅读小镇作为校办创新平台和共有品牌，双方不断深化产学研合作，发挥艺术职业学院美术、艺术、职业教育在服务经济社会发展中的重要作用，二者相辅相成、相得益彰，以文化振兴推助乡村振兴。双方共同致力实现艺术赋能，共建"阅读＋"艺术村。校地双方首期共同打造六秀自然村石厝阅读艺术村和安海宗教文化、红色文化、山水文化景区，为艺术职业学院提供创意创作创造基地、研学基地、实训基地、写生基地、陶艺制作体验工坊、乡村演艺舞台和艺术成果展示馆。致力实现创意赋能，共创乡村研学公园。阅读小镇作为福建艺术职业学院"第二校区"，为师生创意设计、创作研学、课题调研、技能提升等提供山水资源、田园风光和文创环境，并通过师生创意过程的演绎、创意成果的展示、创意思维的交流，为访客构建一种"新阅读"空间，通过丰富多彩的创意产品和成果叠加，在打造阅读新空间的同时，也培养了阅读和体验兴趣，最终实现"阅读＋"研学文旅深度融合。致力实现平台赋能，创新校地合作典型示范样板。通过校地定期互访、项目策划对接、合作成果宣传推介等，拓展合作空间和平台，持续打造校地合作新亮点，不断创新校地合作经验、共筑信息交流平台，致力于建成福建省乡村振兴中校地合作的典型示范样板。校地双方共同主办、承办阅读小镇举行的重要活动，包括每年一届的"田园艺术节"等活动。

五、推动乡村"数字化"，率先试点探索乡村治理体系现代化路经

龙海村立足村情实际和发展前景，实施"互联网＋"基层治理行动，打造"智慧龙海"数字化村治平台，推进乡村数据资源建设，提高基层治理数字化、智能化水平，提升政策宣传、民情沟通、便民服务效能，推动村级治理体系和治理能力现代化。2021年制定了《以党建引领、治理有效为目标，推动乡村治理体系和治理能力现代化试点实施方案》。在探索实践中，认真贯彻《中共中央、国务院关于加强基层治理体系和治理能力现代化建设的意见》，坚持自治、法治和德治"三治"结合，构建村民自觉自律、法治有效保障、文明风尚守正传承创新、社会协同发力的乡村治理体系；坚持科技驱动，以信息化、可视化、智能化驱动村级治理体系和治理能力现代化，达到优治、柔治和善治。实践过程中循序渐进、分步实施：2022年，村级治理体系初步建立，治理措施逐步到位；2023年，乡村治理任务全面实施，治理能力明显提升；2024年至2025年，乡村治理体系进一步完善，初步形成共建共治共享的乡村治理体制机制。

1. 以数字化推动村干部亮岗履职有效落实。建立完善多元参与、协同发力的治理结构，探索构建职责明晰、便于考评的村"两委"履职机制，健全便捷高效、充满活力的民主决策、推动落实和服务村民的治理体系，强化公开透明、规范有序的治理监督制度。开发数据化管理软件，可识别自动计算村干部值班天数，并能生成总体到位率、个人履职率等关键信息参数，所有数据以年度为单位自动存储，实现可视化、可追溯的村干部履职管理。

2. 以村干部收入水平绩效化激发村企共建共享改革。在不断增强村财可持续收入水平的基础上，鼓励村干部依法依规兼任本村级集体经济组织、合作经济组织负责人，但原则上不得在本村经济组织额外领取报酬补贴。鼓励村干部在村、企（含村里落户的民企）两边兼职，兼职人员原则上在一边领取薪酬。同时，两边兼职人员必须落实村干部工作职责和值班值守要求。

3. 以"智慧龙海"平台推动治理能力数据化。不断开发升级"智慧龙海"平台，形成集生态保护、自身建设、便民服务、平安建设、生态农业、居家养老、疫情防控及防灾减灾等公共服务于一体的乡村治理现代化系统。通过"智慧龙海"平台，建设智慧党务系统、便民服务系统、乡村资产管理系统、乡村资源数字档案系统等，推动治理系统数字化、智能化。在2020年中国数字峰会上，"智慧龙海"平台作为福建省首个乡村治理现代化系统亮相展览，开启农村智慧管理先河，新华网、东南网等中央和省级媒体广泛报道龙海村智慧平台惊艳亮相，受到普遍关注和肯定，为乡村基层治理开辟新路径。

4. 以乡村"三变"改革实现村民共富。龙海村还成立了平潭秀安生态旅游开发公司和平潭瑞龙人力资源有限公司，逐步将龙海村已建成的六桥湖省级水利风景区和垂钓走廊、牛脊山风景区及宗教文化公园、大王山阅读公园、电子阅读广场、滨海岩台烧烤场和逸龙书院、阅读驿站、现代农业科普馆等新阅读空间，通过"三资改革"将其划入村集体经济投资公司，让"沉睡"的乡村资源变成"活资产"，再参股投资村里引进创办的各类经营主体，实现资源变资产、资金变股金、农民变股东。

5. 以"工作专班"为引擎强化组织保障。阅读小镇规划建设伊始，就成立了以金井片区管理党委书记、局长为总协调、特别顾问为推手、片区副书记为组长、片区分管领导及相关部门、坛西联合党委领导和龙海村"两委"主要负责人为成员的"工作专班"，坚持日常推动与会议协调相结合。项目策划生成及政策争取、招商引资由特别顾问牵头，并商金井片区党委和村"两委"研究推进；对上政策争取、沟通协调由片区部门负责同志和包村干部负责，片区主要领导和分管领导亲自协调推动；项目一线组织实施由村里的工作团队负责，组成了由村党总支书记兼村主任、挂村第一书记、村副主任、包村干部、村书记助理、村两委相关成员、村文员等参与的全日制、全过程战斗集体，坚持专岗专项结合，每人职责任务明确又互为 AB 角，既分工落实又相互补台，推动了阅读小镇 36 个项目的高效生成落地。四年多来，龙海村阅读小镇从创意策划，到项目生成、规划设计，再到评审审批、资金争取、招商引资、预算审核，最后进入招投标、项目实施、业态布局、运营团队招商，项目专班的引擎驱动是关键，项目一线团队的在岗在位有效协调是支撑，村民群众的自觉行动和主体作用是根本。龙海阅读小镇的建设发展故事刚刚开始，在党的二十大精神鼓舞下，新时代高质量发展的前行步伐将更加坚定而矫健。

螺蛳粉小镇：
从街坊小吃，到百亿产业和农文旅综合体

八仙过海、各显神通。在华夏大地乡村振兴的大道上，有一粒玉米孕育出千亿产业的山东邹平西王村，一片大棚引领中国"菜篮子革命"的山东寿光三元朱村，一部电影赓续传奇奋斗故事的山西汾阳贾家庄，一颗草莓共富一方村民的辽宁丹东，一只宠物兔铺就一条村民致富路的河北武陟乔庄村……成功的案例层出不穷。只要从乡村实际出发，脚踏实地专注而执着地探索创新、大胆实践，收获和成功的路就在脚下。广西柳州螺蛳粉小镇，一碗螺蛳粉，飘香地球村！这是全国乡村振兴中又一个享有盛誉的

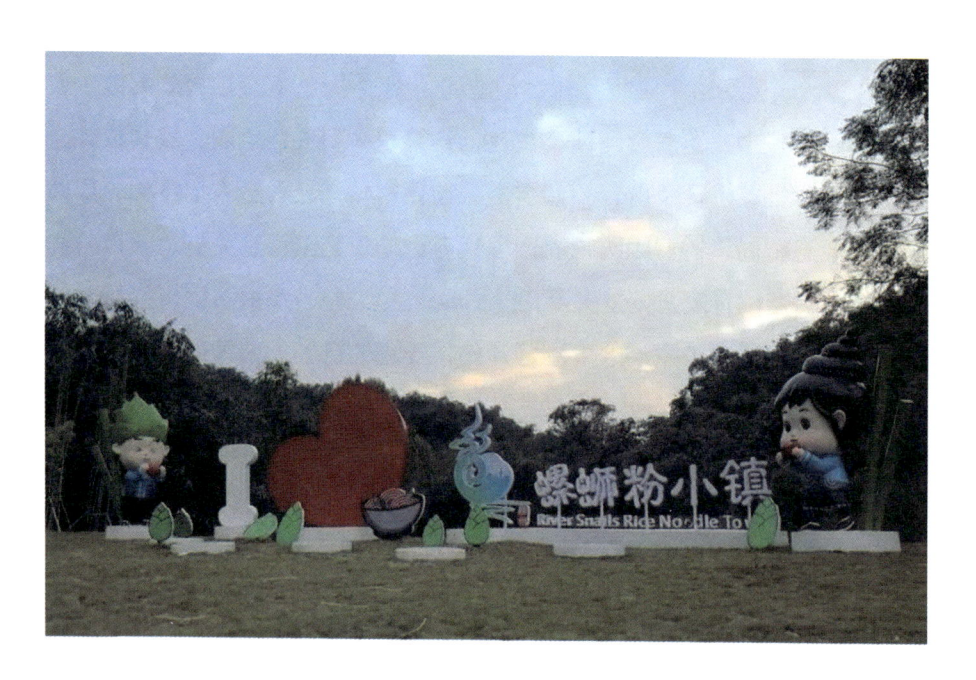

独特案例。2023年"双十一"这天，笔者来到柳州，努力寻找螺蛳粉一路走来的历史、文化痕迹和柳州人不变的乡愁，探究螺蛳粉产业迅速崛起的神奇和奥秘。

一、乡土味觉、地道食材、食膳文化，百年孕育螺蛳粉香飘全球基因

螺蛳粉的成功，既不是文创策划出来的，也不是资本堆积出来的，更不是政府打造出来的，但又同时离不开这些资源要素的适时赋能。探究螺蛳粉的前世今生，不难觉察其自身的发展逻辑，当地人的乡土味觉、地道食材、食膳文化等，都是造就螺蛳粉从一个小店铺走向一个小街坊再走向更大世界的不变基因，而这却整整经历了近一百年的风雨洗礼和文化积淀。

据广西人民出版社出版的《柳州螺蛳粉》记载："关于螺蛳粉的起源，江湖传说无数，传说中最靠谱的故事是在三四十年前，柳州的夜生活逐渐恢复，夜市也逐步繁荣，柳州人嗜吃螺蛳和米粉，不少食客在吃米粉的时候有意无意要求在自己的米粉里加入鲜辣螺蛳汤。久而久之，第一个聪明的摊主开始尝试用螺蛳汤煮米粉，没想到食客们反应出奇良好，夜市的摊主们有样学样，慢慢形成了现在螺蛳粉的雏形。"

螺蛳粉的精华是螺蛳。从柳江南岸谷埠街的老一辈人的回忆中，柳州人嘲田螺的嗜好可以追溯到20世纪四五十年代，那时候村民生活还很困难，而周边的水塘和小溪又盛产螺蛳，捞螺蛳便成了他们改善生活和补充收入的一条好路子。而当地螺蛳因水质、气候和泥土等形成的特殊生长条件和机理，造成了柳南螺蛳的地理特质。

螺蛳粉的本质是米粉。根据柳州螺蛳粉综合信息平台介绍，柳南螺蛳粉所用的米粉不是普通的米粉，是由新鲜的高粱、糯米和黄米按照一定的比例混合而成的。其制作方法非常讲究、独到，要对这些食材进行多次清洗、浸泡、磨粉，再将其制成米粉。这种米粉的口感非常好，在蒸煮后能够保持一定的韧性，并且不易糊化。总的来说，螺蛳粉的特殊口感和美味，

离不开使用的特殊米粉，其制作过程相比其他米粉更为复杂，但正是这种复杂制作的方法，才让这种米粉的口感更为独特。

螺蛳粉的密码是工艺和配料。其中最重要的一个环节是"独家秘制"。独家秘制的过程中，需要将米粉放入锅中，加入适量的清水，待水滚后将锅盖盖上焖煮，再不断搅拌，直到米粉变得有弹性。这个环节需要严格掌握时间和火候，否则就会影响螺蛳粉的口感和质量。螺蛳粉的秘密更关键的是它的配料，传统的螺蛳粉配料包括螺蛳、腐竹、木耳、熟花生、葱末、香菜等。每一种配料都有它独特的味道和营养成分。而且，还要根据口味差异，添加各种调料，如辣椒油、酱油、醋、蒜泥等，形成"酸、辣、香、鲜、爽"五味完美融合，真正体现出柳州螺蛳粉的独特气味和品质。

螺蛳粉的灵魂是文化。柳州人把螺蛳粉的故事讲得更加久远，挖掘出深厚的食螺故事和文化底蕴。据传说，唐代诗人柳宗元被贬到柳州任刺史时，因心情郁闷和水土不服导致菜饭不思、身心疲惫，请来的大夫大都摇头叹息、无药可解，府中的大厨师周万福十分焦急，每天变着花样给柳宗元做饭菜，但还是无济于事。有一天，周万福在江边洗菜时捡回几粒螺蛳，晚上烧菜时无意中帮厨把螺蛳倒进锅中，煮沸后竟然飘出了奇异的香味，他试着往汤里放了一把米粉，制成一道不一样的食物。周万福将这碗新研发的米粉端到柳宗元桌上，没想到竟然打开了柳宗元的味蕾，也很快让他得到康复，这一小碗螺蛳米粉也就成了柳宗元的救命"粉"。从此，螺蛳粉的制作工艺就传了出来，经过一代又一代的改良加料，成为柳州别具一格的传统美味小吃。

柳州人不依不饶、刨根问底挖掘螺蛳粉的起源，他们查阅资料得悉，40多年前，中国考古界在柳州白莲洞、鲤鱼嘴遗址发掘了螺蛳壳堆积物，考证了两万多年前柳州人捕捞食用螺类的历史。这些古人类遗迹把柳南地区嗜螺习俗起源追溯到远古时代，也为柳州螺蛳粉品牌这一城市名片增加了更加深厚的历史和文化底蕴。

谈起螺蛳粉，自然离不开柳江南岸的谷埠街和街上的几间老店铺。老

柳州人记忆里，谷埠街东一巷和东二巷之间著名的螺蛳塘，这里盛产螺蛳成了印在柳州人心中不变的乡愁；还有这条街大同巷的菜市场，这里是螺蛳的集中售卖点，从20世纪五六十年代一直延续至今；这条街上现存最早个体工商营业执照的经营户邱云芳、韦玲英，还有城站路二空鸭仔螺蛳粉店、文笔路上的香轩螺蛳粉店和林螺轩店等，都是螺蛳粉生长历史的创造者和见证人。谷埠街上的老经营户在谈起螺蛳粉的演变时，总是这样津津乐道：顾客在嗜了一小碗螺蛳、喝完螺蛳汤后，总是觉得没吃饱，于是就有客人提出要在螺蛳汤里加粉。经过不断改进和传承，螺蛳粉里开始加入腐竹、木耳等配菜，就这样各种口味独特酸辣鲜香的螺蛳粉，在这条街各路店家神仙般的演绎下逐渐诞生。如今，走进柳州的大小街坊，琳琅满目的螺蛳粉店，让你目不暇接，扑鼻而来的一股股酸辣鲜香的螺蛳粉美味，成了柳州人欲罢不能的烟火味，成了天下食客的必尝小吃，也成了柳州活色生香的城市名片。

二、市场引爆、技术创新、政策赋能，百亿产业高调崛起

螺蛳粉爆红出圈，绝不是什么大师的高超策划，完全源于机缘巧合。上百年的历史文化积淀、电商时代的到来、互联网+旅游新消费业态的爆发性增长、柳州市老工业基地的产业基因和创新意识等，都是铸就螺蛳粉成功的不可或缺条件。而2012年《舌尖上的中国》播出柳州酸笋和柳州

螺蛳粉，这让本来在柳州就家喻户晓的螺蛳粉一下子火遍全国。市场开始倒逼和催生技术创新、生产发展。2013年柳州市全汇食品有限责任公司创始人严振华，在柳南区和平村渔洞屯开启了预包装螺蛳粉研发之路，并在2014年10月，成功获得柳州市食品药品监督管理局颁发的编号0001的"全国工业产品生产许可证"，从此，诞生了第一家生产预包装螺蛳粉企业。紧接着2014年举办的柳州国际水上狂欢节暨螺蛳粉美食节上推出的首款预包装螺蛳粉，更是一炮打响、名声大噪。2019年底开始，因受新冠肺炎疫情影响，柳州螺蛳粉成了网络上畅销食品，全网爆棚，曾一度断货催单，许多网络主播更是靠螺蛳粉"吸粉"走红。

马克思在《资本论》中曾这样说过，"商品爱货币，但是真爱情的道路绝不是平坦的"。螺蛳粉从街边小吃，到预制袋装，再到网红食品和出口商品，经历了诸多艰难曲折。在柳南土生土长的严振华，年轻时就热爱餐饮行业，他从提升米粉Q弹口感、调料配方、螺蛳保鲜，到建设第一条螺蛳粉生产线和制定出第一个袋装螺蛳粉食品安全企业标准，整整用了2年时间，在科研机构、政府部门、食材厂家之间来回奔跑，无论从自主研发，还是模仿创新，每个环节都经历了反复实验，付出了艰辛努力。随后，在严振华的积极配合下，柳州市质量技术监督局于2016年制定了柳州螺蛳粉地方标准。据严振华介绍，"那一年，很快就有了10多家螺蛳粉包装生产企业注册了商标，每天的销量都在增加，产品供不应求。"

螺蛳粉走出国门更是一个艰辛摸索的历程。根据美国和欧盟进口食品标准，进口到他们国家的产品中不能含有动物源，还需进行低酸验证，同时生产企业必须建立自有大米基地和米粉厂等等，而螺蛳粉传统工艺中恰恰使用了猪骨熬汤，调料中酸笋却不可缺少，这样的一些条件一下子难倒了刚刚起步的小作坊企业。敢为人先的广西螺霸王食品有限公司创办人姚汉霖，第一个鼓足勇气去尝试。2016年初，他开始硬着头皮尝试办理螺蛳粉出口美国的相关手续，面对苛刻严格的食品检验标准和繁杂的资质审核程序，以及由此提出的一系列技术攻关难题，几乎让他望而却步。但他没有放弃，组建了自己的研发团队，向一个个难关发起总攻。

而就在这个时候，柳州市成立了以市委副书记为组长的柳州螺蛳粉产业发展领导小组，建设启用了柳州螺蛳粉检验检测中心，还建立了一整套螺蛳粉产品质量监管体系，同时及时出台一系列政策，扶持螺蛳粉企业开展先进适用技术攻关，包括财政安排专项资金补助企业设备采购、场地租赁，扶持自主创新和引进吸收再创新，支持科技企业、科研院所、孵化园权利人或第三方机构独立或合作建设螺蛳粉公共技术服务中心、技术研发平台等。政府与企业联手发力，科技和政策强力赋能，很快让螺霸王研发团队攻克了一个又一个难关。2016年12月8日，广西螺霸王食品有限公司正式获得出口食品生产企业备案证明，成为柳州第一家具备出口资质的螺蛳粉企业，同年，柳州市还有5家企业获得出口资质，产品陆续进入美国、日本、韩国、意大利等30多个国家。

柳州市政府因势利导，适时实施品牌发展战略，鼓励各类资本进入螺蛳粉行业，推动优化转型升级。引导螺蛳粉企业开展标准化建设，致力打造高端品牌，并对获得中国名牌产品、中国驰名商标称号、广西名牌产品称号或新认定为"国家商标战略实施示范企业""广西商标战略实施示范企业"的螺蛳粉企业给予财政补助；集中建设预包装螺蛳粉仓储物流平台、电商服务平台、名牌产品展示平台等，全力打造螺蛳粉产业软实力；开展市场秩序整治优化，鼓励良性竞争，加大知识产权保护力度，形成健康有序的发展环境和浓厚的螺蛳粉文化氛围。2018年8月，"柳州螺蛳粉"获得国家地理标志商标，2021年5月柳州螺蛳粉制作技艺入选国家级非物质文化遗产代表性项目名录。2020年，柳州市袋装螺蛳粉产值突破100亿元，2022螺蛳粉全产业链销售收入达182亿元，同比增长19.6%[①]。

三、一产支撑、二产发力、三产唱戏，创新农村产业融合发展示范样板

螺蛳粉从街边小吃到百亿产值，迫切需要一产的强大支撑和三产的有机融合。柳南区从全产业链的视角，坚持安全、生态和可持续发展理念，适时推动螺蛳粉小镇规划建设，以农业种植养殖基地为基础和支持，致力于乡村振兴和农民共同富裕；以工业化思维为主线，打造螺蛳粉现代产业园；以农文旅融合发展为目标，建设集休闲、观光、文化、旅游为一体的农村产业融合发展示范园。螺蛳粉全产业链，一头连着田间地头带动农民致富，另一头连着街头巷尾繁荣城市服务业，中间连着产业园区扩大城乡就业，在全市形成了30多万人的从业大军。螺蛳粉产业的迅速发展带动了原材料种养的发展，柳南区形成了以稻、螺、竹笋、豆角、禽类等为主的螺蛳粉原料种养第一产业，以螺蛳粉加工为主的第二产业和以休闲农业与乡村旅游、物流配送为主的第三产业，整个产业规模持续拓展升级，成为柳南重要支柱产业。

螺蛳粉产业的做大做强，离不开原材料基地的强有力支撑。柳州市适时在柳南区推动全域土地综合整治试点工程，为创建国家级现代农业产业园、国家农村产业融合发展示范园和螺蛳粉特色小镇提供用地空间。在获批三大项目创建并获得政策补助后，柳南区全力推进项目建设的同时，对企业和农户实施奖补措施，建立了一套涵盖项目金融支持、创新创业奖补、

---

① 据柳州市知识产权工作新闻发布会发布数据。

品牌扶持等较为科学有效的政策赋能体系，在太阳河治理、退桉改竹、稻螺养殖、豆角等螺蛳粉原材料种植等方面都给予农户一定的奖补保障，扶持以农业企业、农民合作社、家庭农场为主的新型农业经营主体，建成了14个总面积约2.6万亩的螺蛳粉原材料种养殖基地，其中包含笋竹20000亩、豆角1000亩，养殖螺蛳2000亩，蛋鸡年养殖规模达百万羽，鸭苗年孵化达1亿羽，拉动蔬菜产业发展11万亩、稻螺标准化种养10万亩以上，带动25万农户增产增收。同时，依托利益联结机制，引导、推动形成了96个合作社，20个家庭农场。目前，柳南区已建成麻竹种苗繁育基地、螺蛳种苗繁育中心、木耳产学研合作技术研发示范基地，"百乐竹笋""金太阳田螺""正兰米""宏华鸡蛋"等一批螺蛳粉原材料企业品牌的影响力持续提升，成为螺蛳粉原材料种植、养殖标杆。柳南区还运用全域土地综合整治试点项目相关政策，对三个创建项目涉及的太阳村镇的7个村，全域实施农用地整理、耕地提质改造、村容村貌提升和生态治理，启动农村增减挂钩项目新村建设、太阳河流域环境整治、村庄污水治理等工程，全力打造了"河畅、水清、岸绿、景美"的农村生产生活生态环境。

作为广西工业强区，柳南区坚持以工业化理念谋划螺蛳粉产业发展，将预包装螺蛳粉产业从分散化、作坊式生产向集约化、自动化生产转变，大力推进螺蛳粉生产集聚区建设，以打造柳州螺蛳粉品牌化、标准化、规模化、产业化为中心，集产品研发、检测、展示、电商、物流、旅游观光于一体的示范产业园。产业园由核心区、拓展区、螺蛳山公园和物流中心四大区域组成，核心区建有螺蛳粉产业发展研究院、螺蛳粉博物馆、螺蛳粉饮食文化博物馆、螺蛳粉传统工匠技艺体验厅、螺蛳粉与动漫文化展示厅等。同时，园区还建设了农产品初加工研发中心、综合检测中心、电子商务中心和运输贮藏、快递物流等基础设施，打造螺蛳粉产业高质量发展专业化公共服务平台。目前柳州螺蛳粉产业园已入驻关联企业34家，预包装螺蛳粉日产量约200万袋，高峰期可达250万袋以上。崛起了螺霸王、好欢螺、嘻螺会、螺蛳王、桂之味、味之坊、乐哈哈、柳江人家、李子柒、螺状元、佳味螺等一批著名品牌企业，其中螺霸王更是在不到7年时间发展成产值达7亿元的大型食品企业，产品远销45个国家，形成农业基地＋公司＋农户（合作社）的生产模式和生产车间＋中央厨房＋文化展馆＋电商平台的营运模式，成为集研发、生产、销售、文旅为一体的产业综合体。

　　螺蛳粉源于街头小吃，成于农文旅小镇，柳南人千方百计把产业做到极致。柳南区充分挖掘螺蛳粉文化特色，拓展螺蛳粉小镇内涵，推动"螺蛳粉＋文旅产业"发展，先后打造了窑埠古镇螺蛳街、"5G+XR"螺乐园、螺蛳文化大舞台、滑翔伞飞行营地、百乐竹海公园等一批文旅项目，为游客打造全方位的"螺"体验。在柳州，由螺蛳粉引发的"文创之火""嗜螺之火"越燃越旺，网红"打卡点"和夜市火爆区青云菜市、五星步行街、谷埠街国际商城、风情港便民夜市等人流如潮，"西环肥仔""天桥螺蛳粉""凤张螺蛳粉""娇姐老牌"等网红螺蛳粉店门前常常在节假日排起了长龙，从全国各地慕名而来的游客拎包背袋、拖箱推车，耐心地等候在店门前，千里迢迢为的是实地体验一下地道螺蛳粉的独特风味。2019年，螺蛳粉小镇景区获评国家4A级景区，2020年9月，螺蛳粉产业园获评国家农村产业融合发展示范园。新征程孕育新希望，柳州市螺蛳粉小镇正朝着全产业链提质升级和年产500亿元新目标奋进，开启高质量建设乡村产业融合发质示范园的时代华章。

莫干山小镇：乡村旅游的高端形态和中国民宿产业的引领者

莫干山位于浙江省湖州市德清县境内，东西横亘 15 公里，南北纵贯 12.5 公里，方圆百里有余。莫干山因莫邪、干将的传说而得名，传说春秋末年，吴王阖闾派干将、莫邪在此铸成举世无双的雌雄双剑。莫干山为天目山的分支，挺拔峻峭，秀丽多姿，素有"江南第一山"的美誉，历来都是文人墨客、政要名人修养身心之地。2023 年 11 月 9 日，笔者再次来到湖州，入住莫干山民宿，深切感受了作为中国民宿产业发展领头羊的莫干山小镇的独特魅力。

莫干山小镇地理位置十分优越，是沪、宁、杭金三角的中心，正好处于杭州、湖州之间。近十多年来，莫干山小镇依托长三角大城市群优势，充分利用其巨大人流和消费力，以民宿为先行业态，培养多元化主题文旅产业链，构建多层次产业体系，通过政策扶持、外资引进、人才支撑，打造特色小镇，成为中国民宿产业发展和乡村旅游品牌创建的领头羊。莫干山小镇的爆棚出圈和示范带动效应，一时在江浙一带掀起了一股民宿热，全国不少地方闻风而起。如今，民宿在莫干山小镇已形成产业集群，随着艺术打造、文化传播、品牌营销、内涵拓展等发展举措的全面推进，让莫干山小镇很快成为具有国际核心竞争力的国际乡村度假旅游目的地。2016 年莫干山小镇入选为全国第一批特色小镇、全国美丽宜居小镇。2019 年，共接待国内外游客 242.65 万人次，实现了旅游综合收入 23.7 亿元，其中民宿接待游客 188.7 万人次，实现直接营业收入 17.8 亿元。

一、莫干山民宿的始发机缘和产业集群

莫干山民宿所在区域统称德清西部，也被称作环莫干山生态环境保护区、旅游休闲观光区。该区域以104国道为界，以莫干山风景区为制高点，包括莫干山镇、筏头乡和武康镇的上柏、城西、对河口、三桥等区域，这里汇集了诸多独有千秋、声名远扬的民宿群。莫干山民宿发展先后历经外来投资、村民投资、政府引导三大阶段。2000年起，长三角城市群进入经济飞速发展的城市化阶段，但莫干山地区作为水源保护地，因区域生态资源环境保护的要求，对所有产生污染的产业进行清退。在这一背景下，莫干山小镇所在区域在很长一段时间里，除了小农耕作和零星的农家乐之外，始终未能探索出良好的产业形态和发展路径，尤其是一直难以走出"山下"社区长期陷于经济发展低迷的困境。

20世纪80年代，莫干山景区因其独特的地理位置和气候条件，成了

沪杭一带周边地区休闲避暑胜地，再简陋的招待所或民居，在夏天旅游旺季时也是一房难求。此后当地的旅游业也经历了由盛转衰过程，山上的很多别墅也渐渐破败，招待所等住宿场所也陆续关门。然而，这里丰富的自然资源和深厚的文化底蕴对长三角城市群中的居民逃离城市、放飞自我有着极大的吸引力。百余年来，莫干山上建设留下了258幢别墅，每幢别墅都是一部历史名人故事。据《走读德清》（浙江科学技术出版社）一书介绍，莫干山别墅按建筑时间可以划分为三个时期。19世纪末到20世纪初由洋人建造的别墅，有近百幢，大都在岗头路一带；20世纪30年代，由国民党的达官贵人与名人大亨建筑的别墅，有八九十幢，大多在屋脊头一带；中华人民共和国成立后，由政府建造的别墅（主要为招待所），有五六十幢。这些别墅不仅有着鲜明的时代特色，在建筑上也是各辟蹊径、无一雷同，所以莫干山也有"世界近代建筑博物馆"之美称。莫干山景区内的著名景点剑池、旭光台、芦花荡公园、荫山街、七人房、武陵村、大坑景区，以及皇后饭店、白云山馆、莫干山庄等，还有环绕山间、波光粼粼、秀色迷人的莫干湖，都是众多游客流连忘返的地方。毛泽东主席于1954年3月在杭州主持起草中华人民共和国第一部宪法（草案）时，来到莫干山下榻62号别墅，在这里召开会议，并赋诗称赞。莫干山以"竹、云、泉"天然基因孕育出"清、静、绿、凉"的优美意境，使其成为中国四大避暑胜地之一。随着长三角经济的蓬勃发展和城乡居民生活水平的不断提高，预示着莫干山新的一轮崛起和繁荣正势如破竹汹涌而来。

莫干山还诞生了洋家乐业态——裸心谷和法国山居。裸心谷作为中国第一家获得绿色建筑国际奖LEED最高荣誉铂金认证的高级度假村，拥有宽敞豪华的树顶别墅、温馨的夯土小屋、宁静的裸叶水疗中心等，形成了独具特色的建筑文化产业。除此之外，来自法国、荷兰、英国等10多个国家的投资者也纷纷来到莫干山小镇经营"洋家乐"。"洋家乐"的新奇化特征，成为早期精品民宿的标杆，也成为莫干山小镇民宿注重建筑设计感、强调原创性、文化体验创新和较高端消费市场的品质代言。

"洋家乐"的兴起，为当地美丽经济的开启奠定了基础。各路创客慕名云集，凭着自己的文化理念和艺术理解，对"洋家乐"进行选择性模仿和创造性复制，这让莫干山小镇在短时间内很快形成了自己独特的民宿集聚效应、商业运营模式和媒体推介方式。借鉴"洋家乐"的经营理念、模式，当地农家乐纷纷转变思路，致力发展品牌民宿；外出打工的年轻人也返乡改造自家荒废的住房开始创业；当地的部分小经营作坊也转型为特色民宿。按照项目规划建设团队的发展理念和经营策略，莫干山小镇采取政府与企业联手打造品牌，实施"山间民宿、山腰农耕、山下休闲"的联动经营模式，最终形成了三个核心项目——清境原舍、清境农园、庾村文化市集。目前，莫干山民宿已发展到350家，"洋家乐"72家，主要分布在环莫干山地区的劳岭村、后坞村、何村村、五四村、庙前村等地。如今，莫干山小镇品牌概念指的不只是莫干山景区内及紧邻景区的"洋人开的洋家乐"，而是富有艺术创意、文化表达、设计美感和现代生活气息的民宿或精品酒店，更是代表了一种乡土、生态、浪漫、时尚的乡村休闲度假模式。

随着区域内民宿产业的快速发展、加快集聚，出现了一些改造建设和经营管理上的不够规范问题，德清县政府及时推进创新治理，探索培育出适应民宿产业集群发展所需的制度环境，搭建系统的制度网络结构。2012年开始，当地政府先后编制了《莫干山国际休闲旅游度假区总体规划》《和美家园建设总体规划》，明确了莫干山乡村旅游高端、精致、国际化的发展方向，为民宿进一步发展提供了支持。同时，坚持开发与保护并重，形成各具特色、产品丰富、能满足消费者个性需求的旅游业态。坚持政府主导，重要基础设施建设主要依靠政府投入，同时鼓励工商资本参与，有机整合各类资源。通过历史文化村落保护、美丽城镇和美丽乡建等系列项目筹集资金，同时加强招商引资和政策引导，吸引更多社会资本参与，共引进旅游三产项目20个，投资规模达111亿元。2014年，结合小镇环境综合整治工作，打造了一条民国风情文化街。2015年，德清县出台的县级民宿等级划分标准《乡村民宿服务质量等级划分与评定》和《德清县民宿管理办法》，将民宿划分为精品民宿、优品民宿和标准民宿三类，对民宿的消防、污染、安全防护、接待设施等方面进行规定，成立民宿发展协调领导小组，实施政府与民间机构共同管理。同时，成立了莫干山民宿学院，为从业者提供专业化的民宿课程培训。创客、投资者、建设者、村民、当地政府，多方要素的有效融合，使莫干山民宿成为乡村创新发展的典型样本。

二、莫干山民宿的空间特征、用地创新和多元业态

莫干山民宿数量爆发始于2014年。这一年，莫干山民宿增加数量超过100家，增幅达136%。2016年新开业民宿数量更是达到216家。随着环莫干山民宿数量的爆发性增长，空间分布迅速扩大，逐步形成了以民宿为链核，以产品和市场为纽带，通过区内相关旅游企业和政府机构的制度创新，融合了资本、人才、技术、艺术、文化等诸多要素，深度链接形成具有价值增值功能的战略关系链。此时的环莫干山地区，已形成以"后坞——仙潭——劳岭"三足鼎立的民宿空间分布格局，莫干山周边的各村均有民宿，

而且不断扩散，在周围形成了多处点状集聚的民宿区，其中毗邻莫干山风景区的仙潭、燎原、劳岭、紫岭、庙前和后坞村的民宿数量较多，分布较为集中，形成以后坞村为一级核心，仙潭、劳岭、兰树坑为二级核心的四处小规模民宿集聚区。2017 年，环莫干山民宿的集聚区加速往纵深拓展，集聚程度呈现出急速提升的特征。

记者张志炜在《1.0 到 3.0！莫干山创造多个全国第一！》[①]一文中道出了作为"停不下来"的改革试验田，德清县在全国的创新举措，除了"农地入市"全国第一宗、登记第一证、抵押第一单，还深入实施农村宅基地制度改革，印发了第一个基于"三权分置"的农村宅基地管理办法，明确"通过盘活闲置农村宅基地和地上房屋，经批准可以发展民宿等新产业、新业态"，突破了集体土地、农村宅基地和农民用房可以用于民宿经营这一关键问题。"三权分置"后，宅基地使用权人和资格权人都领到了证书，宅基地自由流转有了保障，让农户和民宿业主都吃上了"定心丸"。2017 年开业的裸心堡就是一种"宅基地 +"实践，项目通过"点状供地"的方式提供了 12 亩新增建设用地，其中多数建筑是利用宅基地和租赁农房改造而成，项目内的 200 多亩山林是从村民手中流转过来的，比单纯整块批地节约了用地指标。

莫干山民宿发展中期，形成了业态多元化趋势，其明显特征表现为层级化、规模化、集群化、个性化。早期落地的"农家乐"，在发展积累了一定资本实力后，通过改造升级、品牌加盟、联合经营等办法，逐步向精品化、中高端化发展；后期入场的企业只能选择次要地理位置和条件一般的民房，或改造形成个性化产品，经营中低端市场，或开发旅游特色衍生品，通过网络和客脉营销，专注特殊兴趣和定制化市场；资本实力雄厚的"洋家乐"和经营业绩强劲的精品民宿，开始走兼并扩张、集团化、综合性发展路子，打造高端度假区或旅游综合体；而一些网络资源强大、专业

---

① 微信公众号《德清发布》2021 年 10 月 12 日。

产品优势明显的业主则通过与关联、互补企业合作，在延伸产业链中获得快速发展。到了民宿发展的后期，高端化、多元化成了莫干山民宿业态的突出特点，这时期不仅吸引了众多与民宿紧密关联的产业集聚，更是大大拓展了与民宿互补的文化、体育、研学等多元融合，也带来了户外运动、节事会展、休闲农业、文化创意、旅游综合体等多元业态集聚。而莫干山民宿旅游生态圈的形成，让市场共享、制度创新、创业氛围、公平竞争等形成良性循环，有效解决了单一、小众民宿普遍存在的游客体验价值链短、服务配套不完善、市场管理短缺等问题。

莫干山小镇民宿经济的兴盛，也促进了乡村产业结构转型升级、融合发展，搭建了农村创新创业的新平台。德清县挖掘莫干山及周边旅游资源，充分发挥莫干山风景名胜区的辐射带动作用，打造户外生态运动走廊，改造建设莫干山古镇民国风情街，开展生态、休闲、观光、体验农业旅游，引入文创业态，建设创意产业园和创客基地，为民宿产业高质量发展提供优质的自然、人文环境和高端服务平台。

三、莫干山民宿未来之路仍在探索实践

莫干山小镇民宿起源于自然、人文与生态，发展于文创、乡建与特色，兴盛于规范、品创与升级。莫干山小镇民宿的成功，缘于人文历史深厚，有故事自然耐人寻味，莫干山留下了无数的历史名人诗文、石刻以及二百多幢个性独特、别具魅力、文化底蕴深厚的名人别墅，这为莫干山赢得了巨大的名人效应；莫干山小镇民宿的成功，也缘于21世纪初城市化的高速推进带来的"逆城市化"行为，现代城市文明引发的拥堵、嘈杂、高碳生活问题，让杭州、上海、南京等大都市的居民早早萌生了逃离城市的念头，而莫干山的生态、幽静、凉爽的田园生活圈，正好满足了城里人的渴望和需求；莫干山小镇民宿的成功，还缘于一批独具投资眼光的文创洋人和来自大城市的文艺青年与当地村民的和谐互动共享。民宿要持续经营发展，必须有自己的个性和特色，必须形成"一村一品"走差异化发展之路，更必须在历史、人文和文创上找到结合点，不断丰富自身的内涵和品味。

莫干山小镇的创业者在这方面进行了积极的探索实践，不断塑造新品类，独树一帜，极大地满足了人们的探寻心理。当然，莫干山民宿的成功也离不开当地党委、政府的自觉行动和贴心服务。所有这些因素，都是莫干山小镇民宿发展的机缘，可以启发借鉴，但确实难以复制。

当然，莫干山小镇民宿的发展前路，也有不少困难和问题需要去破解。因为莫干山小镇民宿的火爆，引来了一批又一批的投资者，大量的"复制"，民宿风格出现了同质化，一些投资者随波逐流、利益至上，在设计、建设和经营上都贯穿着功利思想，只对民居进行简单改进或模仿复制，存在短期行为，缺乏品牌意识，因为这种经营模式赚钱较快，便导致开办民宿现象的井喷式出现；一些新建的民宿，缺少了当地人文情怀与文化特征，忽视"乡土文化友谊"，消费者难以充分体验当地文化、融入当地产业、感受当地风情；由于外来资本的大量介入，多元主体竞争日趋尖锐、恶化，加上民宿所有权和经营权分离产生的房租日益高涨，民宿经营者盈利空间缩小，利益分享的矛盾逐渐突出，这对莫干山小镇民宿的定价准则和可持续发展都是一种威胁；大规模的修建与开发，对当地的环境造成不可避免的影响，过高的开发密度压窄了休闲空间和生态栖息地；等等。

进入乡村高质量发展新时代，如何持续打造好以民宿产业为引领的乡村振兴这个"响亮"品牌，在深入分析莫干山小镇民宿快速发展趋势和其面临的诸多挑战后，当地党委、政府及时把握时机，在新发展理念的引领下，开启了新的发展华章。按照德清县确定的发展规划思路，莫干山小镇将继续突出"原生态养生、国际化休闲"主题，以市场需求和消费者呼声为导向，立足生态环境优势，深挖人文底蕴，融合异域风情，坚持全域统筹提升，打造不同特色园区，实现差异化经营，形成以高端休闲度假、文化创意、观光农业、户外运动四大支柱产业为核心的产业布局。同时，加大品牌建设力度，在招商选资、项目论证、创意设计、经营业态等方面进行从严把关，进一步从投资方、投资额、项目创新、绿色生态等角度提高进入门槛，着力引进高品质、国际化、专业性企业投资大型综合类旅游项目，通过"民宿+"的发展模式,引领乡村旅游从单一民宿、自主经营、分散作业到集群发展、业态多元、品牌引领逐步升级,让民宿集群逐渐分化、蜕变、整合,形成以民宿优势族群为主体、内生产业链族群和关联产业族群为共生体、结构功能合理健康、核心竞争力明显的民宿小镇多元综合体,推动莫干山小镇以绿色生态发展理念、改革创新的先行实践和国际化、市场化发展步伐继续发挥示范引领作用。

附录：

欧豪村：回归自然万物共生，德国"乡村活化"的标杆

位于德国北莱茵西伐利亚邦的欧豪村，是个仅有580位居民的小村，占地约400公顷，该村历经三年的改造，成为德国著名的生态示范村。1990年，村民无法忍受长期欠佳的生活条件，决定进行村庄生态改造；到1993年，经过三年努力，改造行动有了杰出的成果，赢得德国联邦农村更新金牌奖；1996年，被选为"欧洲生态示范村"；2000年，在汉诺威举行的世界博览会上，德国以欧豪村在融合生态、生活质量和经济发展上的傲人模范，在会上进行展示推介，受到广泛好评和关注。

德国作为老牌资本主义工业大国，是世界上较早开始乡村建设的国家之一。第二次世界大战后，德国境内生态环境遭遇重大破坏，到处断壁残垣，亟待重建。同时，在德国统一后，工商业的迅速发展，带来乡村人力资源大量流入城市，这也加速了农村的衰退。为了让人口回流，德国政府立即开展系统的乡村建设运动，让原本凋零的农村重新找回生命力。地方社团纷纷自愿投入整治家园的工作，最初是以植栽和绿化为主要内容，在"德国园艺协会"加入后，逐渐拓展为农村小区美化运动。1961年，德国联邦农业部更将该运动升级为全国性的农村竞赛，当年的主题是"我们的农村应更美"。随着时代变迁，2001年，增加了"我们的农村有未来"作为副标题，至2007年，则完全以"我们的农村有未来"作为竞赛主题。从战后重建的必要性和快速城市化带来拯救乡村衰弱的紧迫性，演变至今日的

永续发展基调，这种"由下而上式"的农村竞赛，并与时俱进朝着时代正确目标的前行，成为德国农村更新计划的先驱行动。

一、回归自然，让村庄复活

20世纪六七十年代，占地建屋造景、水泥铺面、道路拓宽、增辟安全岛、金属线围篱、混凝土墙……一连串现代化建设的过程，将农村质朴自然的原始面貌，覆上一层厚重的都市气息。农村环境面临巨大变迁，村庄自然生态体系受到无情扰动，天然资源及物种流失，导致大雨过后淹水或水土大量流失，交通安全及噪音问题也日趋严重。进入80年代，随着社会经济的快速发展和生活质量的不断提高，人们对乡村自然生态的复活越显强烈。在这种背景下，德国掀起了乡村复活运动。从这时起，在广袤的德国乡村，处处是红屋瓦、半木头的传统房舍、群树丛生、百花齐绽。漫步于乡野田间，仿佛置身于《格林童话》里的某个熟悉场景。一个古老的国家，一个具有传统工匠严谨精神的民族，却拥有浪漫主义的田野情怀，德国人把对景观设计和空间配置的独特艺术理解，搬到了乡村，从此也激活了既古老、又现代的村庄自然生态元素，让乡村达到了新的和谐。

欧豪村是这个运动中的一个杰出案例。20世纪90年代开始，欧豪村决定进行生态改造。自1990年起，历时三年的努力，欧豪村发生了彻底改变。徒步走在村里，不难发现从乡村现代化到乡村生态复活的痕迹：原本停车场和道路由水泥或柏油材质铺成，但如今已部分铲除，以植草的地面、透水砖或自然石取而代之，而且车道的缝隙扩大，主要作用是增加透水性。欧豪村负责人路金表示："我们用水量愈来愈多，造成地下水位降低，因为水经由排水管排掉了，而不会进入地下水层。如果不用水泥，水就可以回到土壤里。"1990年以前，欧豪村使用的是地下排水系统，混合雨水和家庭废水，一并排放至污水处理厂。如此一来，可以循环回收的雨水，就浪费掉了。如今，地里重现土壤、植物和碎石后，等于设置天然的集水和导水系统，比起混凝土排水沟，更能活化资源及涵养地下水源。道路两旁辟绿带，吸收的水分又回流成地下水再利用，从家家户户的水龙头里流出来。村里的公共花园旁的房屋，顶上装上蓄存雨水的导管，下雨时雨水会流溢至下方的圆桶中，供灌溉那片小花园。此外，村里的低洼处也划为湿地或滞留池，保育水资源的同时，复育着当地动植物。"我们喝的水，可能是百年前的人喝的水，为了下一代，我们必须保存地下水。"路金深有感触地向客人介绍。

宁静的欧豪村，看不见一辆辆的砂石车呼啸而过，这是因为水泥路的边缘已改成绿带，道路内缩了两米左右，道路的变窄自然使车子开得较慢，除却了许多噪音。此外，因某些路段的人行道需求量不大，只留马路的一侧，够用就好。德国人在生态复活中，善于使用减法，境内丰富的自然文化遗产，也缘于他们的念旧而保留，路旁的典型干砌石墙就是其中一例，它具有透水性，石缝也可作为小型生物的栖地。而原本由金属线缠绕做成的围篱，如今都加种灌木，来绿化之前太过人造的环境。先前种松树的地方，改种在地的果树如樱桃树，但同时也保留象征德国精神的老橡树，达到兼容并蓄。

二、重置空间，让资源复活

欧豪村有1500年的历史，村里的房舍或农舍，多为传统的木造建筑，由于产业结构转型，农业人口下滑，许多老农舍、畜厩因而闲置。乡村更新行动中，重置空间功能摆上了优先位置。欧豪的村民们利用旧农舍陈售采收的草莓、樱桃和芦笋，还将畜舍改建成住家或农场咖啡馆，空间重新利用，不需再盖多余的房子，这除了意味着无须另铺水泥外，同时也能节省能源。欧豪村临近邦内第二大鸟类保育区，所以乡村建设、农业发展方面等都受到相关限制。农人只能在鸟类离巢后才能收割其作物，因此一年只能有一季收获，而具有生态价值或特有物种等区域，则禁止开发成农田。尽管因此会有相应的补贴政策，但空间的制约使得欧豪的村民懂得：受限越多的地区，越得善加利用它的空间。鸟类保育区延伸到了欧豪村建筑区的边缘，也就是说村庄是不可能向外扩张的，也不可能扩增建筑物。因此，村庄空间利用规划变得很重要，废弃的学校在空置后，被改建成矿业博物馆（矿业曾是欧豪村的传统产业），维持生态环境水平的同时，文化遗产也得到保存延续；由木头搭建、屋顶铺设太阳能板的旧宿保存着生态绿色建筑的风貌，成为德国自然与生物多样性保育协会的展示中心。

农业曾是欧豪村民的主要收入，"我们只有二十公顷农田，光靠农业收入，很难很好地生存"。于是，欧豪村做起了旅游。如今，欧豪度假村内林荫满布、流水潺潺，为旅客增添野趣。在欧豪村经营家庭式旅馆的提格斯说，乘旅游业兴起的时代，我们抓住时机，将旅游民居与农业相结合，把村庄改造成乡村农文旅胜地，成为旅游结合农业的典范。提格斯的旅馆聚力于家庭式的假日农场，"小"也成了优势，让客人觉得很温馨，不断吸引着城里的市民前来度假。欧豪村的每一个民宿的屋顶都铺设了太阳能板，这种太阳能板能持续造电。提格斯经营的旅馆，附设一间小型马场，马场屋顶上铺设了 300 平方米的太阳能板，发出的电力与市电网并联，一度电售价 0.43 欧元，保价收购 20 年。提格斯说，他们当初投资了 12 万欧元，投产后就有了稳定的收益。德国政府于 2000 年制订了再生能源法，对于再生能源占比、优先使用权以及发电收购价格等，都有了明确的规定，因而促进了当地绿能产业的蓬勃发展。

在再生能源法律和政策的促动下，欧豪的村民早早从清洁能源的建造和使用中，得到了不少收益，他们利用农村的牛、猪等家禽家畜的粪便作为原料进行沼气发电，实现了用电自给自足，又改善了乡村生态环境。当地政府大力辅导村民转型从事再生能源产业，譬如设置风力发电厂、装设太阳能板等。通过这些开发利用新能源模式，实现能源的再生和利用，也增加了当地村民的就业机会，改善了村民生活。为了将人留在乡村，政府部门还设法提高该地居民的福利，通过促进农业发展，生产更多的绿色生态食品，以供应附近的城镇，减少了大老远购买或进口外来食材的弊端，让乡村资源在地循环。

三、有机耕作，让产业复活

农业在德国被极高地重视，在乡村改造运动中，政府部门参与提高该地居民的福利，由上而下地推动农业发展、推行生质能源计划，鼓励种植有机当地作物，实现现代化农业生产。很多村民在农业发展中早早地就意识到，集约耕作有不少问题，应该改变方式，找出与大自然相处的新路径。他们多数人选择沿用了前德意志民主共和国施行的合作社方式，决定继续待在集体里，延续合作社农场的经营模式，而不是分割土地，只是变成了有机耕种。

在以往的传统耕作时，杂草和昆虫都会被化肥和农药消灭，而且因为作物秆排列得很密集，以致鸟类无法在作物间飞行，昆虫因缺乏空间、阳光和杂草没有地方栖息，也导致小动物没有食物可吃。而如今的欧豪村，在有机耕作的实施中，田间地头则有了很多杂草，有着丰富的生物多样性。村民自家后院的小菜园，常常施以堆肥、粪肥，有机农作已融入日常生活当中。为了符合有机农产品协会的规范，村民的每一个生产环节都必须是有机、自制的，连市面上卖的有机肥料都不能用。这种健康生态的农产品种植售卖模式，吸引了大量附近的都市人前来尝鲜。

有机耕作，也大大带动了村庄的饲养业和有机乳制品生产。在欧豪农场里的牲畜，坚持喂以天然饲料，农场自制混合药草、植物、动物排泄物的天然肥料，种植萝卜、洋葱、色拉叶、南瓜，以及牧草、青贮等牛饲料，哺育550头乳牛。原本欧豪村只提供牛奶和谷物，并没有做成奶油或干酪，以及其他谷类制品，随着口碑传播，业务开始扩张，如今每天都有贸易商的货车，往返载送农产品至柏林的有机商店。除此之外，他们也将商品送至柏林的私人住宅，目前一周送牛奶给1500户人家，新鲜、有机的产品，已渐渐获得了人们的认同与需求。

欧豪村的发展，以坚定而持续的创新实践，向广大农村的农民兄弟召示：我们的农村有未来。

羊角村：童话里走出的荷兰绿色威尼斯

　　荷兰的乡村，处处树木茂盛、鸟语花香，沟渠交错、阡陌纵横，农田成片、春色满园，村民的住宅漂亮得宛如童话世界，偶尔见到风车在田野中转动，洋溢着宁静悠闲、舒适清雅的情趣，构成一幅幅神奇绝妙的田园风光图。坐落在荷兰西北部上艾瑟尔省威登自然保护区内的羊角村，更是美得像世外桃源，该村拥有 2620 名居民，以纵横交错的运河水道、闲适安宁的田园风光、活泼有趣的划船活动、历史悠久的茅草小屋而闻名世界，被誉为"北方的威尼斯"。一户户人家静静伫立于一个个小岛上，家家都自带大花园，绿意盎然，安静透着几分悠然。这里有纵横密布的运河，一座座如同大蘑菇的民居点缀在河道两岸，简约的木制小桥通往每一个家庭，没有围墙的院落一直延伸到水边，或紫或白恣意开放的鲜花环绕窗前，每一座房子都有着神秘宁静的舒适感。在这个小村子里，没有标志性的景点，最大看点是村民们悠闲地生活在这里，养花种草牧羊赶牛，就是他们生活的全部。没事的时候，他们会在院子里晒晒太阳，顺便修剪修剪花草，装饰下自己的院子。

　　"羊角村"的名称来自村庄历史上的一个故事。最早羊角村属于教皇严密监管的大片森林沼泽无人区，一群煤矿工人定居于此，他们的挖掘工作使得当地形成了星罗棋布的水道和湖泊。在挖煤的同时，工人们还在地下挖出许多山羊角，据考证，这些羊角来自 12 世纪在此生活的野山羊，于是便有了羊角村之名，该名称一直保留至今。这个村落原本并不适合居住，过度挖掘使得土地贫瘠，而且泥潭沼泽密布，除了芦苇和薹属之外，其他植物很难生长，唯一的资源就是地底下的泥煤。村民为了挖掘出更多的泥煤块外卖赚钱，不断开凿土地，当煤矿开采殆尽后，只留下被反复开凿过的土地，还有一道道狭窄沟渠。后来，村民们为了方便船只能够通过以运送物资，遂将沟渠拓宽改造为运河。但即使这样，羊角村的格局也没有太大变化，景色根本比不上一般的荷兰运河城镇。可就是这样的先天不足，居然造就了一个世界上最美的村落。如今，全村经营着32家宾馆、30家餐厅，每年迎来超过80万的国际游客，其中35万来自中国，占全年市场客群的44%左右。

一、美丽的人间天堂

羊角村的每一座房子都是精心设计的艺术品，不仅是屋顶、窗户、大门十分精致，连草坪上的雕塑都逼真而悠闲。这里的房子至今仍保留着传统的锥形屋顶，房屋都由芦苇编成，这些芦苇结实耐用，使用年数少说40年以上，冬暖夏凉、防雨耐晒。据说从前芦苇是穷苦人家买不起砖瓦的替代品，而现在的芦苇可是有钱人家才买得起的建材，价格为砖瓦的几十倍。许多房子的外墙，被粉刷成五颜六色，每家每户的院子里还会种上很多漂亮的花，再加上门前涓涓的流水，整个村庄像是从童话故事里走出来的。村里家家户户的普通小院，被村民们搭配上各种雕塑、摆件，美得自然生动。家里的陶罐，或者旧铁桶、废弃水管，都能在村民们的手中获得新生，满院的香草和盛开的鲜花与院子中摆放的彩陶相映成趣。除了淳朴的乡情，这里更不缺自然的气息，野鸭毫不客气地上岸到人家后院草坪，鸟儿飞累了就落到藤椅上小憩，周边的牧场里晃荡着奶牛和小马驹，散养的家禽和羊在一旁悠闲地进食。人和动物，都能在这里友好相处、悠然自得。小桥流水人家，绿树游船鲜花，孩童在草地上看书玩耍，大人们在院子里植草种花。关于乡村的所有美好想象，羊角村都能满足你。

羊角村没有公路，全长4英里的运河水路和纯木质拱桥陆路是村庄仅有的两条通道，人们依赖小舟、皮筏出行和运输。河岸两旁是种满香草的芦苇小屋，纵横交错的176座木桥，众多的博物馆和教堂，以及清澈见底的小河，水面倒映着岸上的景观。运河把羊角村的土地分为很多小块，每一小块都是一片私人的土地，拥有着绝对的私密空间。乘一艘平底木船，漫无目的地游荡于村落水道，呼吸着青草与流水的清新气息，一面欣赏着醉人的景色，一面聆听船夫娓娓道来的故事，看阳光在河面跳舞，享受着人在画中游之感，使人犹如置身童话的国度。

除了运河和木桥，羊角村还有很多可骑车和步行的幽静小路。在村中或林间，游客可以选择自己喜欢的方式探索羊角村的水边地头、房前屋后，蓝天白云、绿草茵茵、涓涓溪流，无尽的田野，鸡犬相闻，一派安静祥和，倾心感受大自然带来的惬意时光。在露营区租一间小木屋和一艘小木船，或者租辆脚踏车在林荫大道上闲逛，以最亲近自然的方式，享受生活的愉悦。冬日里，夜色下的羊角村有着别样的迷人色彩，紫色的云层投射出紫色的光，晕染着整个村子，弯弯的月牙挂在枝头，尖顶的房屋在黑暗中显露清晰的轮廓，暖黄的灯光透过窗户照射着低平的地平线，白雪覆盖的房屋、结冰的运河、成群结队滑冰的人们，享受这一年里难得的冰上时光。

当地政府为了羊角村的农文旅产业融合发展，在打造旅游景区中，尽量避免对村民的生活生产造成打扰，使得保护生态、农业耕种和旅游休闲相互之间井然有序，各有边界，共同映射，不断探索打造一个有内涵的村庄。羊角村的农文旅发展之路，既满足了当地居民安居乐业，稳定生产的平凡生活，又打造了独树一帜的有趣旅行目的地。在这里，居民与自然，游客与村民有着良好的互动，真正地将童话世界搬进现实中。

二、有机融合土地规划和空间布局

早在20世纪60年代，荷兰国家层面就推动全国空间规划，对乡村土地资源实施保护。从1965年的《空间规划法》开始，荷兰国土规划体系从传统的侧重于城市区域的空间规划，到后来逐步渗透到乡村规划领域中，体现出城乡统筹一体的理念转向。荷兰近乎百年的乡村规划历程中，陆续颁布的相关法规，促进了各时期乡村规划及时根据实际效果加以修正，从单一关注农业发展，到农业优先，直到关注生态、景观、文化等各个方面。农业生产不再是乡村规划的主要目的，非农化的多种土地利用方式得到重视，从以土地整理为主的规划方式转变为以综合性土地开发为主的规划方式。

在荷兰土地规划的背景下，羊角村及时开展了土地规划和开发工作。1969年，羊角村各利益主体开始筹备相关事项，1974年当地的土地开发委员会正式组建，并制定了土地开发规划，在征得61%的农民和农业土地所有者同意后，该规划在1979年正式实施。全村土地规划覆盖面积约5000公顷，其中2600公顷集中用作农业生产用地，2400公顷用作自然保护用地。自然保护用地中900公顷是农户土地，250公顷作为公共水域。规划综合了农业生产、自然景观保护、旅游休闲等多个方面，由于规划理念与方法得当，使其成为荷兰乡村地区规划的经典案例，并促使其成功转型为荷兰著名旅游景点，自然景观保护和旅游休闲业的价值进一步得到显现。

羊角村在乡村规划伊始，就提出了"尽可能保留乡村河道，尽可能减少道路建设"的原则，使得水网纵横的水乡肌理得以保留。村域规划实施过程中，首先提升当地基础设施，优化交通可达性；新建抽水站，降低农业区域地下水位提高土地生产效率；调整农场布局，使农户更接近自己的土地，方便农户进行作业；对土地被划定为生态保护区的农户，政府则补贴因为农业生产受到限制的补偿金；旅游休闲区被限制在几条水道和两个重要湖泊及邻近的村落中，以免影响农业发展。土地开发将农业、生态保护、旅游休闲用地分离，实现了地域上的分区化和产业上的专门化。

三、精心打造和生动讲述童话里的故事

规划确定以后，羊角村全力策划，积极构建了"观光+休闲度假"的产品体系，包括水上观光、田园休闲、家庭旅馆、度假别墅等多个产品层级。村里鼓励村民打造各种类型的私人博物馆，如贝壳博物馆、农场博

物馆、地质博物馆、瓷器博物馆等，这些博物馆群，既能展现当地文化，又能为家庭客群提供亲子体验，馆主们非常乐意与游客们分享藏品与故事，深受游客的喜爱。在博物馆群周边打造餐饮、酒吧等风情商业，融入了当地的音乐、艺术等文化表现形式，成为游客最爱的休闲聚会场所。羊角村的房屋、桥梁、花园等景观均为当地居民的私有财产，而正是由于当地居民对于个人财产的积极主动维护、维修，保证了羊角村数十年的良好乡村风貌。荷兰自然保护协会德维登每年组织专业工作人员对羊角村的水域、湿地沼泽进行景观维护，实现羊角村生态景观保持优美宜人。在羊角村乡村建设的全过程中，体现出荷兰各地乡村所强调的自下而上、多元共治的原则。在这里，居民不仅是乡村建设的主力，还是景观的塑造者、环境的保护者、利益的共享者。

羊角村还通过对桥、岸、船的整体打造，让游人在这里可以享受到步移景异的旅游体验，还可以跟岸上的人互动，同时自己也成为别人的风景。村里禁止燃油机船进入羊角村水道，主推"耳语船"。它是一种传统的平底船，船体开放，最宽不过1米多，船尾配备一个无声电动马达，通过方向盘控制，行船悄然无声。这种船靠电池驱动，每次可以行驶6—8个小时。它不但小巧无声，操作也简易，因此不需要配备专业舵手，游客很容易上手。羊角村还通过打造特色不一的木质栈桥景观，提升桥洞高度以便于游船自由穿行。为了强化游客"水路两栖"无缝衔接的体验，羊角村在旅游片区打造多个船舶码头，串联休闲节点。同时，在船只停靠的多个码头打造餐饮休闲场所，强化码头的商业功能，营造出熙熙攘攘的氛围。

2015年，羊角村针对日渐扩大的华人旅游市场，推出了《你好，荷兰》纪录片，全方位实施精准定向营销。该片通过一位中国女孩追寻梦想中的"世外桃源"的经历，以中国人的视角审视在国际上早就声名鹊起的水乡风情，进而迅速打开中国市场，也因此成为如今中国人眼中的网红村。

英格堡村：瑞士山谷中的温柔"天使之乡"

欧洲最具特色的乡村当属瑞士小镇，雪山、丛林、草坪、湖泊、牛羊、古堡城、巧夺天工且布满鲜花的木制屋舍……这些，与周边生态环境浑然一体，如同一幅美丽的油画。瑞士的美是独一无二的，如果不是身临其境，很难想象出这个国家的风景是多么的与众不同。这样的乡村美景，不仅吸引了城里人下乡买地安家落户，其闲适自在的生活也吸引了各国游客的向往。

英格堡是最具代表性的瑞士特色小镇，这里为德语区，居民大多是德意志人。英格堡用德语直译出来意为"天使之乡"，隶属瑞士上瓦尔登州，是距离琉森最近的著名山村。这个雪山脚下的小村庄人口仅有4000人左右，下辖三个村落，面积74.8平方公里。这片土地，28.5%用作农业，24.5%为森林，3.1%为居住用地，43.9%是非生产型用地，包括河流、冰川和山峰。英格堡平均海拔1020米，群山环绕，是在陡峭的地势上形成的一个盆地。这里历史悠久、风景秀丽，自然资源丰富，拥有享负盛名的修道院和滑雪胜地铁力士雪山。这里有山间湖泊特吕布湖，有茂密的树林、丰盛的草地、开满鲜花的山坡，有散落在绿树丛中的童话般的房舍，还有古老的格兰菲洛特古堡……在纯净而恬美的英格堡，人们可以尽情享受漫步、滑雪、蹦极、滑翔和山地车等运动。

凭借现代化的旅游配套设施和高山景观的组合，英格堡成为瑞士阿尔卑斯山区的国际度假胜地，印度将它作为宝莱坞电影业重要的外景基地。

在这里，你可以乘坐铁力士山360度旋转缆车，前往海拔3238米高的铁力士雪山制高点，遇见更多让人心跳加速的美景！随着旋转缆车的逐步升高，视野也更加开阔，景观也随之瞬息变化，从碧绿的山谷至白雪皑皑的冰峰，铁力士雪山给人的感觉十分雄伟壮观。无论冬夏，这里都着实让人着迷，它拥有足够多的理由，吸引你来这里体验一次完美的假期！

一、这个"神仙住的小山村"何以闻名世界

在德文中，英格堡也称"神仙住的山"。据相关资料介绍，这里的历史可以追溯到1120年，传说是天主教本笃会的修士循着天使的声音来到这片山谷，建立了圣本尼迪克特派修道院。从此，以该修道院为中心，发展成为山谷间的小镇。在将近700年的时间里，英格堡一直是一座修道院村。1798年加入瑞士联邦之前，英格堡一直是个被修道院统治的独立领地。修道士们几乎都成了修道院附属学校的教师。其传统的奶酪制作手艺被保留下来，在修道院的花园内至今仍能见到。直到1800年左右，才为游人和旅客建立了最早一批设施。1850年，由于矿泉水、乳清和新鲜空气的综合疗效，英格堡成为国际化的度假地。作为旅游业的先锋，Cattani，Hess和Odermatt家族在这里先后建起旅馆。此后不久，作为一个国际性的温泉疗养和旅游胜地，小镇赢得了很高的声誉。1872—1874年间，修建了一条新的道路；1898年，电气化铁路开通。19世纪末兴起了健步和山地运动，1903—1904年的冬季，英格堡有了第一个冬季运动季，成为瑞士冬季著名的滑雪地。1913年开始，建起了一条从英格堡通往铁力士山上海拔1262米的牵引式铁路。1927年，瑞士的第二条缆车在Gerschnialp和海拔1796米的高山湖泊特吕布湖建成。

第一次世界大战前10年，英格堡旅游业开始蓬勃发展，仅1911年，这个仅拥有2000名的居民小镇便接待了165922人次的游客。随着道路的扩展和1964年延伸到琉森的铁路的开通，进一步促进了这个地区的旅游业发展。1967年，通向铁力山主峰海拔3020米处的缆车开通。之后，还安装

了世界上第一架360度旋转缆车，成为游览铁力士山的一大特色。1969年，英国的维多利亚女王在这里度假，英格堡从此声名鹊起。之后小镇开始在为数不多的温泉酒店基础上，建设了大量的度假设施，从而跻身瑞士十大旅游度假胜地之一。

如今，前往英格堡的游客，从瑞士名城卢塞恩坐上"天使之乡"景观列车，窗外一路旖旎的田园风光。这里，湖光山色润物无声，悠扬旷远的管风琴声在8个多世纪的年轮中，始终回荡在田园山谷间；湍急明澈的溪涧、布满山花的曲径、碧草如茵的牧场、翠绿幽深的杉林；一望无垠的草原，除了牧人叮当作响的铃铛和牛羊的叫声，几乎听不见任何声音。这里的蒙蒙细雨时断时续，山间云雾缭绕。踱步到湖边，有人在悠闲地垂钓，不为钓到多少鱼，只为享受其间恬静的时光。在这里，你不仅在一两天时间里就可看到瑞士乡村一年四季的色彩，也可同时感受到它在阴天、下雨、下雪、冰雹、艳阳高照和云雾缭绕时的各种姿态，发自内心地感叹什么叫"人间天堂"。

二、乡建理念在这里的创新与运用

1. 乡土元素的保护、运用和重生。在英格堡，处处可见野花野草在石头缝间自由生长。仔细观察，这些看似随意的野花野草其实都经过了精心的设计。在英格堡的建设者们看来，少用奇花异草、奇峰叠石，选取具有阿尔卑斯山区高山草甸寒区地理景观特征的碎石和地被状乔木、草本植物来营建丰富的绿色共享空间，通过精心的维护，去除了外来的生硬装饰，把生活融入自然，将自然还给世界，展现精致而富有生命之美，不但改善了生态环境，更促进人类发展空间走向可持续，更少的消耗带来更多的体验和更长远的发展，更能体现本土特色，更具小镇的独特魅力。这种保护、挖掘和利用本土素材的设计思维和方法，不是简单复制原始的粗陋生活方式和环境，而是在生态和"节俭"的理念下，让在地自然要素获得重生，其实际意义在于用"以少胜多"的原则，尽可能减少不必要的消耗及浪费、减少废弃物的产生和污染物的排放，尽可能更高效地利用资源、更多地循环使用各类物资。

作为著名旅游区，英格堡并没有因为旅游者的大量到来而影响本地居民的生活，人们照常工作、学习与生活。为保证这种状态，英格堡做到适度地开发，通过保留原生态环境和设施，保留精神场所，保护独特的肌理。虽然经历了翻新与改造，英格堡仍保留和利用原有建筑及其元素，既维持小镇公共空间历史性演化所形成的风貌，又通过对传统技术与材料的继承与创造性地利用，来达到现代与传统之间的平衡，为小镇创造出自然宜人的空间尺度，形成了自然生态环境与小镇新的构筑相协调的景观特征，使整体环境呈现出健康与可持续性的发展状态。

2. 自然生态向人类活动区渐次扩散漫延。英格堡的成功还在于它与周边环境和谐地融合在一起，作为人类聚居区，这种关系通常是矛盾和生硬的。而英格堡的解决方案是漫延绿色即"置换角色"，他们将人类向自然的扩张性活动转变为自然向人类活动区渐次扩散漫延。在英格堡，绿色生态渗透到山村的每个细胞，村庄的中心是一片绿得让人激动的草地，中间的花坛被精心设计过。村外的公路及奔驰的汽车被旺盛的青草掩映着，呈现出某种动感。村里的公共停车场，菱形的水泥砖缝中生长着绿绿的青草。英格堡人善于合理地运用原生态的景观元素，选择本地低矮的原生植物、碎石等展示出文化的自信和健康的生态观，同时重视处理好绿色生态与新建景观的自然融合的边界关系，按照由外向内的空间顺序，使用先软质后硬质、先自然后人工的营造和处理手法，使整个空间与自然环境更自然地融合在了一起。

3. 舒适宜人的人文环境营造和呈现。英格堡的景观环境舒适、亲切、温情、和谐，体现了人本关怀。仔细品读起这座至美的山村，宁静的山谷中充满着一种能够触摸到的祥和，一座老建筑门前清澈的喷泉发出哗哗的声响，村中的教堂适时地敲响了黄昏的钟声，优雅的步行街上一家家店铺散发着强烈的美感，街上的酒庄出售着各种红酒，一家露天咖啡馆门前坐着发呆的客人，一家"农家乐"却是挂牌的三星级酒店，位居半山上的民宅仍然保持着古典格调的建筑形式，而山下村民的住宅已经融入了许多现代的元素。这种山村气质，充满了人文环境的丰富性和独特性，它们不只是由视觉美感所带来，它更来自人和自然交融互动生成的混合了传统、记忆、生命力的整体环境意象。

4. 地方政府政策的倾斜和激励。瑞士地方政府在乡村建设中，通过营造优美的环境、特色的乡村风光以及便利的交通设施来实现农村社会的增值发展，提升农村的吸引力。随着社会化和城市化的发展，瑞士的农村和农民不断减少，但是瑞士政府依旧将乡村发展作为推动国家前进的重要组成部分，努力实现乡村社会的繁荣。从瑞士政府对于乡村建设的主要做法上来看，十分重视自然环境的美化和乡村基础设施的完善。瑞士政府通过制定相关激励政策，对农业发放资金补助，向农民提供商业贷款，帮助其改善农村环境，让田园风光增加休闲旅游收益。通过国家财政拨款和民间自筹资金的方式，政府为乡村建设学校、医院、活动场所以及修建天然气管道、增设乡村交通等基础设施，以此完善农村公共服务体系，缩小城乡之间的差距。在政府对乡村的持续性改造下，村庄愈加风景优美，环境舒适宜人，从而改善乡村生活质量，满足了周边城市和远方游客的消费新需求。

三、绝佳的户外运动和别致的度假生活

在海拔2000米之上的英格堡度假村里，拥有丰富多彩的户外乐趣。冬天，是雪上天堂，一年中从10月到次年5月，这里都适合滑雪，以及包括雪鞋竞走、越野滑雪、雪橇和冬季健步等各种雪上项目。夏季，这里的户外活动同样内容丰富，包括山上健步、山地自行车、铁道式攀岩、特吕布湖划船、滑板车等适合各年龄段户外爱好者的项目。除此之外，这里还有适合亲子活动的铁力士冒险乐园。

虽然地处深山之中，但英格堡—铁力士山拥有现代化的游乐设施。在

这里，世界首创360度铁力士旋转缆车，载着游客一路旋转着驶向积雪覆盖的铁力士顶峰，人们一边聆听优美的音乐，一边随着车厢的转动可360度全幅观赏雪山美景，观览路线横跨了壮丽的铁力士冰川、白雪皑皑的群山、千年不化的冰河景观等，雪山美景尽入眼帘；这里，有欧洲海拔最高的悬索桥铁力士凌霄岩道，这也是欣赏阿尔卑斯山景的独特"上帝"视角，悬索桥下是深达500米的渊谷，若体力和胆量足够，那就可攀过凌霄岩道，然后步行登上铁力士主峰；这里，还有你必须见识的铁力士山永久冰川魅力，坐上冰川飞渡吊椅，在高空俯瞰迷人的冰川裂缝，最后驶向冰川乐园；这里，更有让你长记忆的铁力士山冰川洞穴，沿着一百五十米步道进入永久冰川表层下十米的冰洞，置身其中，呼出的气体成为一团白雾，既有趣又神奇！

然而，英格堡最吸引人的，莫过于它所营造的一种轻松的生活氛围。你可以放慢脚步、静下心来享受山间清新的空气和美丽的风景。你可以拥有足够多的购物选择，以及能让人放松身心的餐馆酒吧。你可以抛开日常生活的烦恼，享受一个独特而不被打扰的悠长假期。在这里，本笃会修道院内有许多18世纪的壮丽的装饰品和瑞士最大的由8838根管子组成的管风琴，修道院花园内的小楼里有奶酪工厂和商店，生产和出售奶酪、土特产品和当地农妇制作的手工艺品。山谷上的英格堡乡土博物馆，是建于1786年的农家建筑，展示了该地区的生活和农业等资料，从体育、观光、民俗、文化、地质学等多方面介绍山谷的历史。还有位于铁力士半山腰上的特吕布湖，在白雪皑皑的山峰环抱中，一潭碧绿澄澈湖水呼之欲出，景色宁静纯美，湖畔有山花步道小径，环湖可徒步或骑山地车，也可在湖中荡起双桨。

英格堡小镇典雅精致的街道、日耳曼风情的房屋、盛开的花卉与绿色山坡的融合，更成为游客漫步、休憩与度假的场所。小镇上的房子，大多是三层左右的阁楼，用山石堆砌，错落有致，用木头和绿植装饰其上，房屋与雪山相伴，使得建筑更贴近自然。小镇的街道不宽，但宁静整洁，人们都有车，但除了出远门，大多选择步行。抬眼可望见天空一碧如洗，白云朵朵分明，低头可看见河水清澈见底，鱼儿与游人嬉戏。漫步小镇，十步一景，每一瞬间都是一番别样的景色，天晴时阳光洒落，下雨时烟雨蒙蒙，整个小镇格外恬静，别具一番风味。小镇与雪山交相辉映，一半是秋天，一半是冬天，无论站在哪一个角落，都能够悠然望见雪山，这里的人们在这纯净、优雅而宁静的环境中享受着生活，它就是坠入凡间的天使之乡。山间湖水如镜、山坡花木如织、山顶白雪皑皑，山下牛羊悠悠。英格堡无疑是距离天堂最近的地方。

普罗旺斯村：韩国风情浪漫的童话王国

普罗旺斯村，是以法国的普罗旺斯为主题打造起来的韩国小村落。该村坐落在韩国京畿道坡州市的一座宁静的小山上。依靠便利的交通优势，瞄准韩国民众的消费需求，凭借清新童话般的建筑风格，打造了一个深受影视从业和爱好者宠爱的美拍圣地，以高颜值、够浪漫的环境氛围，让其从"路过地"发展成为"目的地"。自1996年仅一家法式餐厅至今，聚集了100多家零售店和多种世界美食，以及南法国风格景观等构成的商圈，逐步发展成为由欧式格调餐饮、花园烤肉餐厅、生活创意设计精品、文化休憩空间等构成的童话般的南法国风情小镇。

这里虽然没有大城市的喧嚣，却有的是田园式的建筑之美和花草香气。看惯了城市里的高楼大厦，这里独具异国风情小巧精致的建筑则是一块独特的"新天地"，会让人有点喜出望外，那些紫色的、蛋黄色的、绿色的、蓝色的、粉红色的建筑和周边环境，使整天忙碌的城里人，心情一下子就得到了释放。这样一个酷似梦里出现的田园式的村庄，足以让游客仿佛置身于法国那个浪漫之都。普罗旺斯村在打造浪漫情调的同时，持续推进韩流文化传播扩散，不仅吸引了大量韩国访客，也深受中国、日本、东南亚等地的海外游客欢迎，成为韩国及海外许多电视剧、电影、CF等拍摄基地和综艺节目的取景点，吸引着许许多多的年轻情侣来这里约会，迎合了韩国人的约会文化，实现了流入人口的持续增加，每年接待韩国国内乃至海外游客150万人次，在2016年底被估值为180.2亿韩币，成为首尔大都会地区的都市微旅游名片之一。

一、从"引发注意的路过地"到"令人向往的目的地"的风情打造

从首尔向北有一条赫赫有名的自由路，它从首尔起始，沿汉江和三八线南岸至京畿道坡州都罗展望台。普罗旺斯村，就位于自由路与省道360交汇处的城洞IC边，把持着坡州与首尔两大城市联系的交通节点，与Heyri艺术村、英语村共同构建了风情小镇休闲组团。沿路的村民守着城市间源源不断的资源要素交换动脉，在公路两旁各显神通吸引过往的旅客，或建起果屋沿路卖水果，或摆个摊点卖特产，或开个洗车场、小型百货铺、简餐农家饭店等，想着各种各样的办法，去实践公路带动乡村振兴的简单样本。

随着韩国社会经济发展的升级换挡，普罗旺斯村的村民开始寻求改变，学着换个角度考虑问题，琢磨着怎么坐地生财，很快提出了从"路过地"到"目的地"创新理念，把"我为道路服务"上升到"道路为我服务"，开启了乡村发展的3.0版实践。当"道路为我服务"时，道路就变成了通往村镇的工具和拓展村镇自身辐射范围的手段，村镇更强大的内生发展动力得到极大的释放。普罗旺斯人充分利用从首尔出发1小时便可达的地理位置这一优势，通过风情打造具有南法风情的童话小镇，用形象打造刺激，来增强吸引力，留住更多人，实现了从靠"路过地"发家到建旅游"目的地"致富。

提到普罗旺斯就总能与浪漫联系在一起。真实的普罗旺斯是法国东南部的一个地区，世界闻名的薰衣草的故乡，也是每个人都梦想着能去一次的地方。而韩国的这个小普罗旺斯，既没有法国普罗旺斯最有名的大片薰衣草田，也没有那里的中世纪素雅恬静的建筑风貌，但他们塑造出的这张"法兰西脸"却能引发韩国人的向往。在2013年、2014年韩国观光公社对有过海外旅行经验者展开的"海外旅行实态与趋势调查"中，当不涉及

经费和日程问题时，韩国人最想去的旅游目的地皆由法国蝉联。在韩国这个爱美成风的国家，不仅人脸可以整容变美，村庄的风貌也可以整成大众情人，普罗旺斯村可以说就是这么一个"靠脸吃饭"的村。这主要是因为大家对法国的"求之不得"的心态。因此韩国人对长着"法兰西脸"的项目格外买账，普罗旺斯村这个首尔近郊的法式风情目的地，自然而然地成为大众追捧的对象。

长得像更要长得俏。普罗旺斯风情小镇策划设计中，提取了韩国人向往的南法风情元素，如建筑表面涂上粉红、天蓝、粉黄、薄荷绿等明度高、纯度低的马卡龙色，并浓墨重彩地砸在这300亩规模的小村庄里，通过建筑设计、风格改造，整体打造既明亮又清新的色彩，创意出满足年轻人功能需求、审美需求、社交需求的项目。这一创意将普罗旺斯村装扮成处处都是美拍可画的圣地。这里，到处是花卉苗木的田园风情，也有南法渔村斑斓明媚的色彩，有颜色绚丽、小巧精致的田园风格，糖果色的建筑、各异造型的小环境，分布在村里各处的天使翅膀、爱情小屋、童话主题雕塑等景观装置，营造出浪漫的情调和氛围。村中的趣味艺术壁画，让小镇里充满了各类童话风的气息和格调，处处洋溢着童话般的梦幻。这里还专门为游人设置了很多拍照场景和各种体验馆，享受美好时光的同时，带走一份甜蜜的回忆。

二、从"卖商品、卖服务"到"卖生活、卖浪漫"的业态升级

在"路过地"的思维下，公路两旁自然成为分销在地农副特产的渠道，路边摆摊卖特产，开小店卖餐饮，村民"有啥卖啥"，道路成为繁闹的村街。而旅游"目的地"的打造，则要求"要啥卖啥"，必须满足旅客，瞄准不断升级的消费新需求，不仅要卖商品，更要卖服务、卖环境、卖氛围、卖生活、卖文化，更有别具一格卖浪漫的。普罗旺斯村的业态发展，经历了这种不断拓展和升级的变迁。

普罗旺斯村里的设施分为美食、时尚、生活、植物四大类，有格调高雅的法国餐厅、网红的美食面包店、世界上最美丽的烤肉花园餐厅、浪漫创意的设计生活馆、时尚服装家居、欧式面包店、咖啡厅等，共有 29 家店铺，其中餐饮 9 家、时尚 14 家、艺术生活 3 家、家居生活 3 家。这些，统一采用可爱甜蜜的装修风格，充满浪漫色彩和梦幻，为情侣提供了极佳的约会意境与贴心服务。

人们可以与艺术家一同制作工艺品，购买独一无二的手工艺小物件，与厨师学习制作面包，参与广场上的演出活动和跳蚤市场，在画廊看艺术展，在魔术剧场学魔术……这些为游客打造的可与恋人、家人一同参与体验的文化休闲活动，让消费者不再是以一个游客的角度吃吃喝喝，参观游憩，而更像是小镇居民一样去体验，去生活。多式多样的活动既延长了人们游玩的时间，也给了人们再次游玩的理由。

引入浪漫氛围和主题文化，适时打造业态升级版，这不仅符合普罗旺斯村法式风情的浪漫感，更是迎合了韩国年轻人的约会文化。韩国的年轻人可能是世上最爱约会、爱浪漫的一群人了。从《来自星星的你》《鬼怪》等爱情电视剧，到《我们结婚了》《最佳爱情》等婚恋类型真人综艺，各式浪漫主题影视综艺都受到韩国年轻人的追捧与喜爱，乃至其中的浪漫情节也会引起年轻人的模仿风潮，这也促进了浪漫商业业态的蓬勃发展。

三、从"灯光撩人"到"夜色经济"的华丽转身

普罗旺斯，这仅有 300 亩的小村庄，白天足够逛完，要想让游客留宿，还必须发展夜游项目。普罗旺斯村从法国直接购买了照明设备和 LED，将整个村落装扮起来，每当入夜就会点亮灯光、照亮五颜六色的墙壁，变身成为另一番风味的童话王国。同时，每年冬天还会举办盛大的普罗旺斯星光节，用大型 LED 灯光秀给冬季的小镇打造缤纷撩人的夜色吸引力。通过大片的 LED 花海、卡通雕塑装置等，演绎《爱丽丝梦游仙境》《绿野仙踪》等美丽的童话故事。灯光秀还设置了韩国国内最大的灯光隧道，一经推出

就成为首尔年轻恋人表白约会的胜地。

极致浪漫的灯光秀也吸引了《来自星星的你》剧组,在此取景拍摄了情侣定情时最浪漫的吻戏,随着电视剧在亚洲的热播,更是将普罗旺斯村推广成为韩流旅行目的地之一。在此基础上,普罗旺斯村还在靠近360省道处开设了一个名为ALBEROSANTTO的独栋式温泉主题精品度假酒店,酒店不仅提供高品质的住宿服务,更拥有温泉Spa、休闲酒吧、露天烤肉架等度假设施。ALBEROSANTO不仅成为普罗旺斯村全时全季接待游客的保障,其自身更是成为首尔都市圈内小有名气的温泉度假磁极,与普罗旺斯村形成合力,共同吸引更多的游客。